旅游管理理论与实践研究

刘　慧　著

中国金融出版社

责任编辑：王雪珂
责任校对：李俊英
责任印制：陈晓川

图书在版编目（CIP）数据

旅游管理理论与实践研究（Lüyou Guanli Lilun yu Shijian Yanjiu）/
刘慧著．—北京：中国金融出版社，2016.6
ISBN 978 - 7 - 5049 - 8519 - 4

Ⅰ．①旅…　Ⅱ．①刘…　Ⅲ．①旅游经济—经济管理—研究
Ⅳ．①F590

中国版本图书馆 CIP 数据核字（2016）第 091574 号

出版
发行　中国金融出版社

社址　北京市丰台区益泽路 2 号
市场开发部　（010)63266347，63805472，63439533（传真）
网 上 书 店　http：//www.chinafph.com
　　　　　　　（010)63286832，63365686（传真）
读者服务部　（010)66070833，62568380
邮编　100071
经销　新华书店
印刷　北京市松源印刷有限公司
尺寸　169 毫米 ×239 毫米
印张　13.5
字数　215 千
版次　2016 年 6 月第 1 版
印次　2016 年 6 月第 1 次印刷
定价　46.00 元
ISBN 978 - 7 - 5049 - 8519 - 4/F. 8079
如出现印装错误本社负责调换　联系电话（010)63263947

前　言

伴随着经济的快速发展，我国旅游业也取得了飞速进步。如今，我国已经成为一个旅游大国，与世界其他各国的旅游交往也在不断扩大，成为世界旅游体系的一个重要组成部分。旅游业的发展与扩大固然离不开旅游目的地的建设和旅游资源的开发，但旅游管理也是旅游行业的重中之重。在现实的旅游生活中，因旅游管理不善而导致重大损失的事件仍时有发生。鉴于此，特撰写了《旅游管理理论与实践研究》一书，以期为我国旅游业的发展尽一丝绵薄之力。

本书从旅游管理的实际情况出发，结合多年的教学经验，通过对旅游管理进行科学构思，系统、全面地对旅游管理的理论与实践情况进行了分析和阐述。从结构上来看，本书共分为七章，第一章主要介绍了旅游管理的概念、特点以及环境和方法等内容，以便读者了解旅游管理的基本知识；第二章对旅游管理理念的发展展开了研究，主要包括了人本理念、系统理念、战略理念以及创新理念等方面的内容；第三章对我国旅游管理体制及其创新展开了研究，内容涉及我国旅游管理体制的现有模式及其弊端、创新的必要性分析、创新的理论基础以及创新我国旅游管理体制新模式的途径等；第四章对旅游景区管理进行了研究，包括旅游景区管理的理论与目标模式、营销与财务管理、游客与门票管理等方面的内容；第五章主要对旅游服务管理的质量、供需管理等方面进行研究；第六章重点对旅游资源的开发管理和环境管理进行了分析和研究；第七章则着重对旅游行业安全管理进行了分析和研究，包括日常安全管理、突发事件管理以及我国旅游安全管理体制存在的问题及其完善等方面的内容。

总的来说，本书逻辑层次清晰、内容全面，并注重理论与实践的紧密结合，具有较高的科学性、学术性和实用性。其对我国旅游管理的理论研究与实践发展具有一定的参考价值。

本书在撰写过程中参考和借鉴了国内外许多有关旅游管理方面的书籍和文献，在此向其作者表示衷心的感谢！由于能力及时间所限，书中难免存在疏漏与不妥之处，恳请广大读者批评指正。

作者
2015 年 10 月

目　录

第一章

旅游管理概述

本章主要对旅游管理的概念、职能及属性、特点、基本方法，以及旅游管理的环境及其在知识经济时代下的新环境等方面的内容进行阐述和说明。

第一节　旅游管理的概念和特点

一、旅游管理概念

（一）管理的基本概念

管理这一概念所包含的含义非常广泛，又因为理论时常跟不上实践，并且人们从不同的角度去理解管理活动会有不同的认识和概括，因而，对其确切含义的认识至今仍未统一。其中法约尔（Henri Fayol）对管理的认识最具代表性，其认为管理是由计划、组织、指挥、协调及控制等职能为要素的组织活动过程。这一定义已经成为从管理职能角度定义管理的典范，现代很多管理定义也是在这个基础上进行的。

管理是一种专业职能，其是建立在绩效责任的基础之上的。这一观点是美国哈佛大学教授德鲁克（Peter F. Drucker）提出的。这一概念包含以下三层含义：

（1）与其他技术性工作一样，管理是专业性的工作，有自己专有的技能、方法、工具和技术。

（2）管理人员是一个专业的管理阶层。

（3）管理的本质和基础是执行任务的责任。

决策理论学派的代表人物西蒙（Herbert A. Simon）认为管理就是决策。他认为决策贯穿组织的始终，任何工作都必须经过一系列的决策才能完成。决策正确，管理的目的也就能够实现了。

美国数学家、管理数理学派的代表人物伯法（Elwood S. Buffa）认为，管理就是用数学模式与程序来表示计划、组织、控制、决策等合乎逻辑的程序，得出最优解答，以达到企业的目标。

唐纳利（Donnelly）认为，管理就是由一个或更多的人来协调他人活动，以便收到个人单独活动所不能收到的效果而进行的各种活动。

从以上所列管理的概念观点可知，在不同的角度，管理有着不同的面貌。总的来说，这些对管理的描述既有真知灼见，也有不足之处，但这些定义都着重从管理的现象来对管理本身进行描述，而对管理的本质却并未揭示出来。众所周知，管理是一种行为。作为行为，首先应当有行为的发出者和承受者，即谁对谁做；其次还应有行为的目的，即为什么做。因此，形成一种管理活动，就要有管理主体、管理客体以及管理目的。另外，我们还应想到，任何管理活动都不是孤立的活动，它必须要在一定的环境和条件下进行。

从以上分析中可知，任何一种管理活动都必须由以下四个基本要素构成：

（1）管理主体，回答由谁管的问题。

（2）管理客体，回答管什么的问题。

（3）组织目的，回答为何而管的问题。

（4）组织环境或条件，回答在什么情况下管的问题。

由此，我们可以从一般意义上来对管理进行概括，即管理是社会组织中，为实现预期的目标，以人为中心进行的协调活动。

（二）旅游管理的基本含义

从学科范围来看，旅游管理属于管理学的二级学科，或可称为部门管理学，即对旅游活动这一经济行为而进行的计划、组织、指挥、协调及控制的活动过程。旅游涉及政治、经济、文化等诸多社会领域，因而其具有较强的综合性。鉴于此，旅游管理的内涵也就十分丰富。旅游管理是指为了以最有效的方式实现旅游活动的目标，综合运用管理职能的作用，对旅游活动所涉及的各种关系和现象进行管理的活动和过程。对于旅游管理，从组织层面可以将其分为宏观旅游管理和微观旅游管理。

宏观旅游管理是指政府部门从促进国家旅游产业发展的角度来管理旅游活动。宏观旅游管理的主要功能是发挥政府职能，对旅游市场进行培育和完善。具体来讲包括以下三个方面。

（1）通过制定旅游政策、法规和行政手段，对涉及国家和地方旅游业发展的重大问题和横向协调等问题进行一系列组织管理工作，保证国家和地方旅游业的协调发展。

（2）对旅游市场进行宏观调控，以达到获得优良宏观经济效益和社会效益。

（3）提高我国旅游业声誉和国际影响。

微观旅游管理是指旅游服务企业的经营管理活动。旅游服务企业是旅游活动的重要环节，其为旅游活动提供必需的服务，在旅游管理中，搞好旅游企业管理是一个非常重要的任务。在现代旅游企业管理中就要求管理者运用现代管理理论和方法，对企业所能支配的人、财、物、信息、能源等有形资产及无形资产，进行有效的计划、组织、指挥、协调和控制，使各项要素得以合理配置，以求达到旅游企业所预期的目标。因此，在当前形势下，中国的旅游业应当加速改革，学习和吸收国际先进的管理理论和方法，并结合企业自身的实际情况，建立科学的企业管理体制，提高管理水平。

（三）管理者及素质

1. 管理者

任何一个组织都包括若干个成员，并且每一个成员在组织中有着不同的地位和作用。简单地说，组织成员可以分为操作者和管理者。操作者是指组织中直接从事具体实施和操作工作的人。例如，景区的讲解员、饭店的餐饮服务员等。这些人的任务就是做好组织所分派的具体的操作性事务。管理者则是那些在组织中指挥他人完成具体任务的人，这些人是组织的心脏，其工作绩效的好坏直接关系着组织的兴衰成败。虽然在某些时候管理者也做一些具体的事务性工作，但其主要职责是指挥下属工作。因此，有无下属向其汇报工作是区别管理者和操作者的一个主要因素。

通常而言，在旅游组织中，可能有很多从事管理工作的人员，这些人可以分为以下几种类型。

（1）基层管理者

基层管理者也称第一线管理者，他们比处于作业层的人高一个层次，负责对操作人员及其工作进行管理，是监督组织运作的低层管理者。他们的主要职责是将具体的工作任务分派给下属操作人员，并对下属操作人员的现场作业活动进行指挥和监督，保证各项任务有效完成。基层管理者在旅游组织中一般被称为领班、主管。

（2）中层管理者

处于高层管理者和基层管理者之间的管理者即为中层管理者。他们的主要职责是贯彻执行高层管理者所制定的重大决策，对基层管理者的工作进行监督和协调，他们的管理对象是基层管理者。中层管理者接受高层管理者制定的总目标和计划，并将其分解为具体目标给各基层部门，他们注重的是日常管理工作，在组织中起承上启下的作用。中层管理者在旅游组织中一般称为部门经理或部门总监。

（3）高层管理者

高层管理者是一个组织的高级执行者并负责全面的管理。他们的主要职责是制定组织的总目标、总战略，掌握组织的大政方针并对整个组织的绩效进行评价。他们关注的是组织的生存、成长和总体有效性等长期问题。他们不仅把组织看作一个整体，还要把组织与外部环境联系起来，并在对外交往中代表组织以"官方"的身份出现。

在工作性质和内容上，所有管理者几乎是一样的，都包括计划、组织、领导和控制等几方面，由于履行各项管理职能的程度和重点不同，从而使不同层次管理者在工作上有所差别。高层管理人员在计划、组织和控制职能上的时间要比基层管理人员多一些，而基层管理人员则在领导职能上所花的时间要比高层管理者更多一些。

2. 管理者素质

管理者所担负的特殊职能要求其具有特殊的素质和能力。这是因为，管理者素质对其所管辖的组织效能有着直接的影响。管理实践中的无数事实证明，一个有着优良素质的管理者，将对一个组织起着至关重要的作用。

通常而言，管理者的素质包括以下内容：

（1）职业道德

管理者应当具备的职业道德包括以下几点。

①强烈的事业心和高度的责任感。职业责任心是个人对现实职业责任所持的态度，这种态度源于人们对道德责任的认识，只有具有强烈的事业心和责任感，管理者才能勇于克服困难，锐意进取，勇往直前。

②公道正派，与人为善。在各项业务管理中，管理者要公道正派，按原则办事，不徇私情，能经得住历史的检验。尤其是在用人上，要努力做到任人唯贤，不搞小帮派。

③以身作则、清正廉洁。管理者的模范带头作用是至关重要的，管理

者要通过言行和行动来建立威信。并且要言行一致，表里如一，少说空话，多干实事，严于律己，清正廉洁。

（2）知识素质

管理涉及社会生活的诸多方面，因而要求管理者要具有全面的知识，如果对某方面知识缺乏，都会导致管理上的失误。高层管理者的知识面要宽，低层次的管理者可相对窄一些。就旅游管理者来说，应具备自然科学、社会科学及旅游行业专业知识，只有这样才能做到视野开阔、信息灵通、思维敏捷、举一反三，妥善处理各种复杂问题，以适应现代化管理的要求。

（3）能力素质

能力素质是管理者所必须具备的素质，其中管理能力最为重要，主要包括以下几点。

①科学决策能力。在管理中，决策是一个非常重要的方面，其是一个管理者的主要工作之一。一个具有较强科学决策能力的决策者，其对问题有着较强的综合分析能力和预见性。能够在复杂的情况下抓住主要矛盾，提出决策问题。另外，还具有丰富的经验，掌握科学的决策方法，能够博采众长、择优决断，作出正确的决策。

②知人善任能力。在管理中，用人问题一直是核心部分，因此，作为一个管理者，必须要具有知人善任的能力。能够善于发现人才，把恰当的人安排在恰当的岗位上，使其充分发挥聪明才智，即人尽其才。

③组织协调能力。在管理中，组织协调工作是必不可少的。与非管理者相比，管理者有着较强的组织协调能力。在管理中进行组织协调，要处理好管理系统内外的各种关系。人际关系是组织协调中一个非常重要的方面，要最大限度地调动人的积极性。因此，管理者必须要有协调人际关系的技能，要在管理中懂得尊重人、关心人、团结人、理解人。只有这样才能做好组织协调工作，才能使管理达到预定目标。

④开拓创新能力。创新在管理中是必不可少的，作为一个管理者，必须具备创新精神和勇于开拓的能力。如今，社会各方面的发展都十分迅速，市场需求也处于不断的变化之中，作为一个管理者只有不断解放思想，努力学习，善于接受新事物，讲究新方法，才能不断提高创新和开拓的能力，才能适应不断变化的形势。

（4）身心素质

管理是一种劳心劳力的工作，因此，作为一个管理者必须要有健康的身体和良好的心理状态，要始终保持精力充沛。在身心素质中，心理素质非常重要，其是形成独特管理风格的决定因素，也是选择管理者的重要标准，心理素质包括追求、意志、情感和风度等。

总而言之，管理者应当是一种具有职业素养，身心健康的知识—能力型人才。

（四）旅游管理的职能与属性

1. 旅游管理的职能

管理的职能是指管理活动的职责和功能。在管理职能的种类上，人们并没有一个统一的说法。伴随着旅游管理理论和实践的不断发展，按照旅游管理的特点、目的和作用，一般可把旅游管理职能分为计划职能、组织职能、领导职能和控制职能等四项职能。

（1）计划职能

计划是对旅游组织在未来一段时间内的目标和实现目标途径的策划与安排。也就是说，计划是解决管理中需要做什么的问题。计划管理具有较强的专业技术性，是旅游发展方针和经营目标的具体体现，其决定着旅游业发展的资金安排、设备物资消耗和业务经营活动的开展，对旅游业的经济效益会产生直接的影响。

另外，计划职能还包括对将来趋势的预测，根据预测的结果建立目标，然后再制定各种方案、政策以及达到目标的具体步骤，以保证组织目标的实现。在计划形式上，旅游企业的计划不能单一，而应多样化，既要编制综合的经营计划，又要编制各项专业活动的具体计划，并且层层分解落实计划指标。对企业的内外环境进行严格的科学分析是制定科学合理计划的前提。要通过调查研究，对当前存在的机会和威胁进行全面分析，搞好综合平衡，保证计划的科学性和预见性，使企业的工作有条不紊地进行。只有这样才能将计划的指导作用充分发挥出来，实现决策所规定的目标。

（2）组织职能

计划的实施离不开他人的合作。在旅游管理活动中，组织管理是计划管理的继续。旅游管理的组织职能，就是按照旅游发展计划目标的要求，在全体成员之间分工合作进行管理。所以，组织职能是解决管理中谁去干的问题。旅游组织职能的主要内容就是根据工作的要求与人员的特点设计岗位，通过授权和分工，将适当的人员安排在适当的岗位上，用制度规定各个成员的职责和上下左右的相互关系，形成一个有机的组织结构，使整个组织协调地运转，产生比个体总和更大的力量、更高的效率。

组织结构的具体形式和特点是由组织的目标决定的。例如，饭店、旅行社、旅游景区、旅游协会、旅游行政部门等组织由于各自的目标不同，其组织结构形式也各不相同，并显示出各自的特点。而旅游组织各自的工作效率和活力又在很大程度上取决于组织工作的状况。组织工作是任何一项管理业务都必须要做的，其优劣在很大程度上决定着这些决策、计划和管理活动的成败。任何社会组织是否具有自适应机制、自组织机制、自激励机制和自约束机制，在很大程度上也取决于该组织的组织结构状态。因此，在管理活动中，组织职能是一项根本职能，是其他一切管理活动的保证和依托。

（3）领导职能

领导职能是解决旅游管理中如何干的问题。在旅游管理中，计划是其首要的职能，组织是实现计划目标的重要内容，但是组织目标的实现仅仅依靠这两个方面是不一定能成功的，这是因为全体成员的共同努力才是实现组织目标的唯一可靠途径。由于配备在组织机构各种岗位上的人员，在个人目标、需求、偏好、性格、气质、价值观及工作职责和掌握信息量等方面存在很大差异，因而在相互合作中产生各种矛盾和冲突是不可避免的。因此，必须要有权威的领导者对他们进行领导，指导他们的行为，沟通他们之间的信息，增强相互的理解，统一他们的思想和行动，激励每个成员自觉地为实现组织目标共同努力。

在实践中，旅游管理的领导职能重点要注意以下几点：

①领导必须有权威性，以保证各项规定及指令得到贯彻执行。

②必须保证正确性，要防止因领导决策失误造成下级管理的混乱或经济损失。

③必须坚持逐级领导的原则，即工作指令逐级下达，不越级指挥，以达到命令统一的管理状况。

（4）控制职能

在计划的执行过程中，会受到很多因素的干扰，常常使实践活动偏离原来的计划。因此，就需要对计划的执行进行控制，只有这样才能保证目标及为此而制订的计划得以实现。旅游管理的控制职能就是按照计划标准衡量计划的完成情况和纠正计划执行中的偏差，以确保计划目标实现的一系列活动。由此可知，在管理过程中，发现问题、解决问题是控制职能的关键，管理者必须及时取得计划执行情况的信息，并将有关信息与计划进行比较，将实践活动中存在的问题找出来，分析原因并及时采取有效的纠正措施。

总之，计划职能、组织职能、领导职能和控制职能是管理职能的四项基本职能，它们都是管理活动所不可缺少的。

2. 旅游管理的基本属性

无论是何种管理，其都是在特定环境下，对特定组织进行的。因此，旅游管理是一个既具有一般性，又具有特殊性和差异性的社会现象。管理存在于所有出现组织的地方，作为一个具有特殊性的行业，旅游需要服从和服务于所管理的旅游组织的特定目标，并且要与旅游行业这个特定的内外环境条件相适应。

（1）旅游管理的自然属性

旅游管理的自然属性是指旅游管理在不同的社会制度和意识下所表现出来的共性。指挥劳动是旅游管理自然属性的外在表现，也就是说旅游业一切管理活动都是通过特定的"技术性"手段、措施、办法来执行指挥劳动的职能。具体体现为从人的身心发展规律出发开展旅游管理活动，按照管理规律组织旅游业管理实践活动，采用和现代生产相适应的方式与手段管理旅游企事业单位。在现代旅游管理中，其重要的任务就是提高旅游企事业单位的效能，推动生产力的发展，这也是它的自然属性的重要表现。依据旅游管理的自然属性，我们可以更好地学习、借鉴发达国家先进的管理经验和方法，对国外的成熟经验，可以大胆地引进和吸收，进而迅速地提高我国的旅游管理水平。

（2）旅游管理的社会属性

旅游管理是一项具有特殊职能的活动，其目的是为了达到预期的目标，因此，这一活动必然体现管理为谁服务的问题。在马克思主义哲学中，认为在人类漫长的历史中，管理从来就是为统治阶级、为生产资料的占有者服务的。管理是一定社会生产关系的反映。在资本主义社会里，"资本家的管理不仅是一种由社会劳动过程的性质产生并属于社会劳动过程的特殊职能，它同时也是剥削社会劳动过程的职能，因而也是由剥削者和他所剥削的原料之间不可避免的对抗决定的"。

旅游管理的社会属性是指在管理过程中要正确地处理人与人之间的关系，旅游管理同样会涉及一定生产关系、政治制度，会受到意识形态的影响和制约。例如，旅游企业的组织目标、旅游企业文化、群体价值观、旅游管理理念、旅游环境、社会制度、地方风俗等的影响。因此，照搬其他行业的管理方法在旅游管理中是不行的，而是要根据旅游业的特殊性进行处理。

（3）旅游管理自然属性与社会属性的辩证关系

旅游管理的自然属性和社会属性是相互联系、相互制约的。一方面，旅游管理的自然属性作用的发挥需要一定的社会形势和社会生产关系，其是不可能孤立存在的。同时，旅游管理的社会属性的存在也离不开管理的自然属性，一旦脱离，旅游管理的社会属性就会成为没有内容的形式。另一方面，自然属性要求具有一定的社会属性的组织形式和生产关系与其相适应。同样，社会属性也必然影响或制约旅游管理的科学技术等方面。因此，必须对旅游管理的自然属性和社会属性进行认识和掌握，只有这样才能分清不同制度下旅游管理的共性和个性，正确地处理批判与继承、学习与独创、吸收外国的一些管理经验与结合中国实际之间的关系，实事求是地研究和吸收外国管理中有益的东西，做到兼收并蓄、洋为中用。

二、旅游管理的特点

旅游管理是管理的一个特殊领域，其既具有一般管理的基本属性，又有其特殊性。

（一）普遍性

旅游业是经济管理的一个分支，因而在旅游行业组织管理中可以运用管理学的许多原理。也就是说，各种管理活动过程中具有共同规律性，是

11

对包含了各种复杂因素和复杂关系的管理活动客观规律的描述。或者说，它反映的是事物内部的内在联系和事物发展的必然趋势，这些是人的意志所无法改变的。管理实践的大量事实证明，管理原理具有普遍性。

（二）综合性

旅游业不但涉及的部门和单位众多，而且还涉及诸多其他的行业，如交通、环保、卫生、文化、农业、工业、商业等，其是一项集吃、住、行、游、购、娱于一体的综合性经济活动，因此，旅游管理的对象就要涉及众多性质完全不同的行业。由于旅游管理的过程具有复杂性、动态性以及管理对象多样化，因此，在具体的管理中要借助多样化的知识、方法和手段。从实质上来说，旅游管理是针对旅游经济活动的各要素而进行的综合性管理，具有很强的综合性。

（三）脆弱性

旅游行业的特殊性决定了旅游管理具有脆弱性，其表现在以下两个方面。

（1）旅游产业的综合性使旅游部门有了综合部门的性质，但没有综合部门的权威。旅游部门是一个专业经济管理部门，但是又没有专业管理部门的管理体系（垂直管理体系）。政府作为职能部门存在，但没有职能部门的管理手段。基于这些事实的存在，旅游部门对旅游行业管理的难度非常大，其管理基础十分脆弱。

（2）相对一般企业来说，旅游企业经营管理过程中所受到的外部环境的影响更为直接，例如，一个国家或地区的政治、经济、恐怖事件、自然灾害、疾病流行等多种因素，都会对旅游企业经营活动带来极大的风险。

因此，面对旅游管理的脆弱性，旅游管理者必须具有战略眼光，能够预见可能出现的危机与风险，及时了解经营环境的变化，不断提高应变能力。

（四）适度超前性

适度超前性是我国旅游经济发展所采取的发展战略。伴随着我国的对外开放的实施，我国的旅游业也得到了长足的发展，其是一个新兴的行业。从产业运行环境来看，旅游业是在较弱的经济基础上发展起来的，要使旅游业在短期内形成较强的产业体系，就必须采用国际旅游向国内旅游推进的模式，也就是说先开发国际接待旅游，再发展国内旅游，随着社会经济的发展和人们生活水平的提高，然后再发展出国旅游，最终形成以国内旅游为主，国内旅游与国际旅游协调发展的模式。而这一模式的采用，需要服务水平、技术水平、接待设施水平等达到经济发达国家同等水平，从而客观上也要求旅游管理在组织形式、管理方式和管理目标等方面体现适度超前发展的要求。

（五）创新性

从实践中可知，管理不仅是进行共同劳动和社会化大生产的必要条件，而且它本身就是一种劳动。这种劳动不但参与创造价值，而且能够推动社会生产力的发展。除此之外，管理的创新性特点还表现在管理本身也是一种不断变革、不断创新的一种社会活动。通过管理的变革，既能推动社会和经济的发展，而且在一定的条件下，还可以创造新的生产力。虽然旅游业具有一定的垄断性，但它的竞争性也非常明显，又由于旅游产品的差异化程度较低，例如饭店的硬件及软件均具有同质化倾向，所以，在旅游管理，尤其是旅游企业管理中，创新是一个重要特点。对旅游管理这一特征的正确认识，我们有助于克服当前存在的重生产、轻经营，重技术、轻管理的倾向，真正把技术和管理看作是经济起飞的两个轮子。

第二节 旅游管理的环境和方法

一、旅游管理的环境

管理是自人类社会诞生以来就有的，而进行管理就必然会涉及管理环境。管理学家孔茨（Harold Koontz）认为，所有管理者，不管是管理何种单位或机构，都必须在不同程度上考虑环境的种种因素的力量。"知己知彼，百战不殆"是《孙子兵法》中的一个著名命题，其强调要根据"己"（内部环境）和"彼"（外部环境）来决定战略策略。而旅游管理对环境同样具有较强的依赖性，需要与环境相协调。

旅游管理环境是指存在于旅游行业组织内部或外部的，影响旅游管理实施和旅游管理有效的各种力量、条件和因素的总和。很多的客观因素都是旅游管理环境的一部分，如国家的政治、经济、文化，员工的生理、心理状况等。旅游管理的环境可以是有形的，也可以是无形的；可以是物质的，也可以是精神的；可以是社会环境因素，也可以是自然环境因素。例如旅游资源的地理位置、景区的面积大小等是有形的，一个地区的民俗文化、道德价值观等是无形的，建筑、交通等是物质的，管理思想和管理理论是精神的，国家制度、旅游业政策等是社会环境因素，资源、物产等是自然环境因素。

不同的因素与旅游活动有着不同的关系，因而它们在表现形式和程度上对旅游业的影响也不相同。旅游管理的环境可以分为内部环境和外部环境。内部环境主要指旅游组织履行基本职能所需的各种内容的资源与条件。外部环境是指旅游组织外部的各种自然和社会条件与因素。

（一）旅游管理的外部环境

管理活动都是在一定的外部环境中进行的，同样，景区、景点、酒店、旅行社等作为旅游管理系统的一部分，都处在一定的外部环境之中，都需要从外部环境中获得物质、能量、信息，也要向外部环境输出自己的物质、能量、信息。因此，旅游管理系统的存在和发展是建立在外部环境的基础之上的。另外，旅游管理系统显示功能、作出贡献也需要依靠外部环境，例如，市场为旅游企业提供了活动的场所，市场就是旅游企业的主要外部环境。

旅游管理的外部环境包括众多的因素，因而其是一个十分复杂的系统。具体来说，旅游管理的外部环境可以划分为自然环境、经济环境、政治和法律环境、社会与文化及心理环境、技术环境、竞争环境等要素。

1. 自然环境

在这里，自然环境是指影响旅游业存在和发展的各种自然要素，例如地理位置、气候条件、自然资源及灾害、环境污染程度及控制方式等方面。

对旅游业来说，自然环境是一把"双刃剑"，也就是说自然环境既可能成为旅游业谋取利益的因素，也可能成为其阻碍的因素，因此，自然环境与管理活动的关系十分密切。

（1）作为影响人类社会生存和发展的复杂的多重因素，自然环境是旅游组织管理活动不可缺少的条件。

（2）从很大程度上来说，环境资源的支撑能力对旅游业的发展具有决定性的作用。由于自然环境差异的存在，从而使得不同国家、不同地区、不同民族有着不同的物质生产方式和文化类型。另外，自然环境对他们的生活方式、思维方式也会造成影响，并且对人们的风俗习惯也会造成一定程度的影响，而这些对旅游管理产生着深刻的影响，因此，管理活动要适应这些特点。

（3）在旅游管理活动中，人类赖以生存的自然环境也发生了改变，这种改变要么是改善自然环境，要么是破坏自然环境。例如，自然生态资源的合理开发，可以丰富和满足人们对旅游项目求新的欲望，但如果过度开发，则必然会对生态质量及环境氛围造成影响，甚至会对人类的生存和可持续发展形成威胁。因此，旅游管理活动必须为实现人类的可持续发展，保持与自然环境的协调与平衡。

2. 经济环境

经济环境是指影响旅游行业或企业所在地区的总体经济状况。在影响管理活动的诸多因素中，经济环境最重要、最基本。经济环境包括利率、通货膨胀、失业和经济增长等。对经营管理者来说，经济环境既能带来众多的机会，也能够造成威胁。

旅游企业在景气的经济环境中更容易取得资源，并且也能使消费者更加富裕，因此，也增大了旅游企业出售自己产品和服务的机会。反之，恶化的经济环境会给旅游企业带来威胁，这是因为管理者获取企业所需资源的能力受到了恶化的经济的制约，在这种情况下，企业的现实顾客会大量减少，开发潜在客户的难度也会增加，管理者不仅要在削减各部门人员的同时激发保留下来员工的积极性和主动性，同时还要确定获取和更加有效地利用资源的方法。任何一个成功的管理者都会对经济环境对企业的影响引起足够的重视，会对整个经济的变化进行密切的关注，以便未雨绸缪，及时作出适当的应对。例如，随着我国社会主义市场经济体制的建立和旅游行政管理体制的改革，政府与旅游企业、旅游企业之间、旅游企业与社会、旅游企业与员工等一系列关系都发生了很大的变化。国有旅游企业逐

15

步向自主经营、自负盈亏、自我约束、自我发展的独立经营者转变。旅游企业的投资主体进一步多元化，形成多种所有制的旅游企业在市场上平等竞争的局面。并且旅游企业的管理目标、内容、方法以及相应的组织结构、规章制度等也相应地发生了深刻的变化。

3. 政治和法律环境

政治和法律环境包括组织所在地区的政治制度、政治形势，执政党的路线、方针、政策和国家法令等因素，这些因素都极大地影响了旅游行业及组织的产生。地区的稳定性和政府对各类组织或活动的态度是政治法律环境的主要表现。旅游组织在制定其长期发展战略时必须考虑地区稳定性，而政府对各类组织和活动的态度则决定了各个旅游组织可以做什么、不可以做什么。例如，中国加入 WTO 后信息产业的扩大开放将推动随之进入的电子商务和销售网络的大发展，从而促进旅游运作与管理方式的现代化。

4. 社会与文化及心理环境

组织所在地的人口、家庭文化教育水平、传统风俗习惯及人们的道德和价值观念等是构成社会与文化及心理环境的主要因素。在组织及其管理中，人与人之间的关系处理是必然的，这是因为人是社会组织的组成部分，其既是管理者又是管理对象。旅游组织的成员及管理受社会上的特殊文化环境及心理氛围的影响非常大，例如，在许多西方国家中，给旅游服务支付小费是一种惯例，但在我国，向旅游服务支付小费的现象比较少见。因此，对西方国家的旅游企业的员工管理模式我们就不能照搬。管理者必须对这些社会与文化及心理环境的影响引起高度重视，并能主动地适应这种环境的变化。

5. 技术环境

技术通常指我们做某种事情的知识的总和，它包括发明创造、技能方法。技术环境主要指组织所在国家或地区的技术进步状况，以及相应的技术条件、技术政策和技术发展的动向与潜力等。如果一个组织拥有先进的技术，则必然会给组织的生存和发展带来有利的影响。在世界范围内，那些取得飞速发展的旅游集团，无一不具有先进技术。如今，在旅游业组织环境中，技术环境已成为一个关键因素，当代旅游业的管理制度的建立、发展和完善，许多都是为了适应新的科学技术发展的要求。

6. 竞争环境

在对组织的影响中，竞争环境是最为直接和具体的。每一个组织都处在不同的竞争环境之中，竞争对手、潜在竞争对手、服务对象，资源供应者和社会特殊利益代表组织等都是竞争因素。在这些因素中，有效的竞争活动是最关键的因素。任何组织在管理中都不能忽视竞争环境，其是管理者必须有所了解并及时作出反应的一个重要环境因素。

管理活动受这些因素的共同影响和制约。对任何管理理论和方法而言，外部环境的变化既会对管理活动带来有利的方面，也会给管理活动造成不利的影响。旅游组织的管理者对外部环境是无法影响和控制的，因此在旅游管理活动中，要对外部环境的各类因素进行充分的分析，要尽量利用机会，避免威胁，并制定相应的战略。

（二）旅游管理的内部环境

除外部环境之外，组织内部环境也属于管理环境。内部环境通常是组织的运行环境和组织文化环境。通常来说，旅游组织不仅有其独特的组织文化，而且组织内部环境条件也不同，因此，管理者应当对本组织的内部环境进行分析研究，根据本组织的实际情况，制定相应的组织目标和发展战略。

1. 组织运行环境

旅游组织的活动要在一定的组织运行环境中才能进行，要利用组织的结构、组织制度、组织领导作风、组织人力资源、资金实力、科研能力、社会声誉等资源。与外部环境因素一样，这些因素对一个组织目标的制定和实现都会造成一定的影响，并且对该组织管理者的管理行为也会造成直接影响。

2. 组织文化环境

组织文化环境是处于一定经济社会文化背景下的组织，在长期的发展过程中逐步形成和发展起来的日趋稳定的、独特的价值观，以及以此为核心而形成的行为规范、道德准则、群体意识、风俗习惯等。

从组织文化环境的定义中可知，事实上，组织文化环境是指组织的共同观念系统，是一种存在于组织成员之中的共同理解。因此，在对组织文化进行描述时，组织中不同背景和地位的人基本上是用相同的语言。在每一个组织中，价值观、仪式、规章、习惯等都处在不断发展中，当全体员工接受这些观念时，就变成了组织的共同观念，也就成为组织文化的一部分。当组织文化形成之后，就会在很大程度上对管理者的思维和决策施加影响。

（三）知识经济时代下的旅游管理新环境

知识经济即以知识为基础的经济，其是建立在知识信息的生产、存储、使用和消费之上的经济，其核心是现代科学技术。知识经济以科学合理、综合高效地利用现有资源，同时开发尚未利用的富有自然资源来取代已近枯竭的稀有自然资源为指导思想。在知识经济时代，旅游管理的环境也发生了新的变化。

1. 知识经济提高了旅游供给的质量

在旅游产业中，知识和技术的运用使旅游产品的质量得到了提高，增强了其适应市场的能力，总而言之，其给各项旅游供给带来了深刻的变化。

（1）旅游服务作为旅游供给重要组成部分，通过运用知识和技术，极大地提高了服务的水准。例如，在旅客订房方面，以往这一过程需要较长的时间才能知道结果，而如今中央预订系统的开通和联网，将这一过程缩短到了只需几分钟。旅游各个部门在运用网络技术之后，其工作越来越规范，出错的几率越来越小，极大地提高了售票、房间预订、日程安排等方面准确度。

（2）知识和技术也大大增加了旅游供给产品的吸引力。例如，人造主题公园就是运用了现代知识和高科技的结晶，成为了极具吸引力的旅游景点。对于一些自然景观，在科技手段的辅助下，其供给面越来越广泛，例如，在一些名山中运用索道技术，使得不少原本难以登上名山的少年和老年旅游者实现了愿望。同时，在旅游设施的供给中运用科学技术，也增添了其魅力，例如，高速公路的建设使旅游者更加方便进入。

2. 知识经济提高了旅游产业各部门各企业的创新能力

经济增长的实现需要创新，创新是知识经济的核心。旅游产业在应用高新科技之后，其自身的管理和技术创新能力得到了不断的提高，从而为产业发展提供源源不断的动力，成为旅游产业发展生命的源泉。例如，知识经济的发展，推动了各种管理信息系统在旅游产业中的广泛应用，提高了效率，增进了效益。目前，已经广泛应用的系统有旅游业宏观管理信息系统、中央预订系统、物业管理系统、旅行社业务信息管理系统、旅游目的地信息系统等，这些系统的运用使旅游产业各部门、各企业的管理能力得到了极大的提高。

3. 知识经济提高了旅游产业可持续发展的能力

知识经济是促进人与自然协调、可持续发展的经济。知识经济发展以科学、合理、综合、高效地利用现有资源，同时开发尚未利用的资源来取代已近耗竭的稀缺自然资源为指导思想。由此可见，仅仅对旅游资源进行控制是无法实现旅游产业的可持续发展，而全面彻底地进行体制、管理、技术等方面的改革。因此，就需要以先进的科学知识和技术手段，使人们能够更有效地使用资源，研究开发效率更高的资源，从而不断满足人类旅游生活的需要。

二、旅游管理的基本方法

作为一个独立的行业，旅游业有着其自身的管理要求和管理方法，旅游经济活动既不同于工业、农业等物质生产部门，也不同于商业、贸易等经济活动，这是因为它并不创造物质产品，也并不以组织商品流通为主要方式。旅游经济活动主要借助一定的旅游资源、旅游设施和旅游条件，通过提供服务性劳动，直接满足人们的物质和精神方面的需要。因此，在管理方法上，旅游管理有其行业的特殊性，必须运用科学的方法来探索旅游经济运行的规律，以指导旅游管理实践。

（一）经济方法

经济方法是指以人们的物质利益的需要为基础，按照客观经济规律的要求，运用各种物质利益手段来执行旅游管理职能，实现管理目标的方法。与其他的管理方法相比较，经济方法具有如下特点：

（1）利益性。经济方法主要利用人们对经济利益（主要是物质利益）的追求来引导被管理者的。

（2）交换性。事实上，经济方法是一种以一定的交换为前提的，管理者运用一定的报酬手段，使被管理者去完成所承担的任务。

（3）关联性。经济方法有着十分广泛的使用范围，其影响面广，与各个方面都有着直接或者间接的联系。

在当前旅游管理中，经济方法是最基本的管理方法，只有在经济方法的基础上，其他的方法才能发挥有效的作用。这是因为即使在经济发展到一个较高水平的国家里，物质利益仍然是人们的基本利益，对物质利益的追求是人们行为取向的动力所在，这就是马克思主义的历史唯物主义观。因此，在物质利益起主导作用的情况下，运用好经济方法更是有着重要的意义。

在表现形式上，经济方法有很多种，例如，员工与旅游企业签订的劳动合同、工资制度、职位晋升等。需要注意的是，虽然在很多方面经济方法具有积极意义，但是也有一定的局限性。这是因为物质利益并不是人们的唯一追求，对经济利益的追求也并不是决定人们行为积极性的唯一因素。所以，在一些具体的环境中尤其要注意这一点，否则会导致"一切向钱看"的倾向。

（二）法规方法

法规方法是指通过政策、法令、规章制度等手段来执行旅游管理职能的一种方法。目前，法规方法是旅游行业中使用最广泛的一种管理方法。

法规方法有以下三个特点：

（1）强制性。它是每一组织及员工必须遵守的行为准则。

（2）稳定性。它在同样情况下始终适用，不因人或事而有异。

（3）可预测性和先导性。每一组织及个人可以对具体的行为进行事先判断，看其是否符合法规法令，其行为的后果如何，将会得到何种奖励或惩罚。

具有事先指导和调节作用是法规方法的优点，其在酒店、旅行社等有规律可循的管理工作中比较适用。法规方法的缺点在于其灵活性不够。在旅游管理中，对人的服务是一个主要方面，在具体的管理过程中，实际情况千变万化，新问题又层出不穷，因此，严格死板地执行法规方法往往无法适合特殊情况的管理，对管理效率也会产生影响。所以，在运用法规管理时要考虑其原则性、可行性和艺术性。

（三）行政方法

行政方法是指在一定的旅游组织内部，以组织的行政权力为依据，运用行政手段（如行政命令、指示、规定），按照行政隶属关系来执行管理职能，实施管理的一种方法。行政方法具有一定的强制性，这是因为，任何组织都具有一定的目的性、相关性和矛盾性，其是一个人造系统。目的性是指组织为某一特定的目的而存在的。相关性是指组织内部各结构之间都是相互依存、相互作用的，如果其中的某个部分发生了变化，那么对其他方面也要进行相关的调整。矛盾性是指作为整体和组织成员，作为个体之间总是相互矛盾的，组织要求个人群体化，而个人则要求组织个性化。行政方法是保证行为协调统一、目标一致的必需方法。

行政方法具有以下特点：

（1）具有一定的强制性。以组织的行政权力为基础，以下级服从上级为原则。因此，行政方法具有很强的时效性，能够在短时间内见效。

（2）行政方法的范围比较明确，即它只能在行政权力所能够管辖的范围内起作用。

（3）无偿性。行政管理方法是建立在组织的权力的基础之上的，其以服从为天职。上级对下级发出的命令，下级在执行中不能以利益或者是其他方面的要求为代价。

工作会议、电话通知等是行政方法最常见的表现形式，其灵活性较强的优点，可以对新问题、新任务进行及时的处理和布置。因此，行政方法对那些无规律可循的需要一事一议的工作任务比较适合。在运用行政方法时，应当按照客观规律办事，切忌长官意志，要从实际出发，注意与其他的方法相结合。

（四）教育方法

教育是按照一定的目的、要求对受教育者从德、智、体诸方面施加影响，使受教育者改变行为的一种有计划的活动。教育是管理的基本方法之一。相较于其他的管理方法，教育方法具有以下特点：

（1）教育是以转变人的思想、价值观为特征，其目的在于提高人的素质，是一个较缓慢的过程。在时间上，教育需要的时间较长，但在其产生作用之后，其能维持的时间较久。

（2）教育是一个互动过程。在教育的过程中，授教者和受教者在相互学习、相互影响，双方都在提高。因此，教育不是教训、不是灌输。在教育中，授教者必须以身作则、身体力行，否则，教育方法难以取得理想的效果。

（3）教育的形式是多样的。在方法上，教育有很多种，如思想政治工作、企业文化建设、工作岗位培训、对员工的感情投资等。从管理的发展史上可知，虽然教育的方法不是万能的，但是，在管理中不能缺少教育。这是因为，无论在任何社会组织中，人们除了谋求一定的物质利益、社会归属、自我价值的实现等追求之外，还包括自身的成长、自我的完善，而这些从报酬和职位中是无法得到满足的。对员工进行教育，是提高管理效率、增强组织的凝聚力、调动员工积极性的重要方法。

在旅游管理中实施教育方法，应以实际情况为出发点，采取合适的具体方式，将教育的内容融会在各种员工喜闻乐见、愿意接受并积极参加的健康活泼的形式中，避免形式主义、教条主义的做法。

第二章

旅游管理理念的发展研究

在人类活动中，无论哪一个领域都涉及管理，而管理理念对管理者会产生极大的影响，其会在不知不觉中支配管理者进行管理活动。本章主要对现代旅游管理的人本理念、系统理念、战略理念、创新理念进行系统的分析和研究。

第一节　现代旅游管理的人本理念

无论是科技的进步还是物质财富的创造，抑或是社会生产力的发展和社会经济系统的运行，都与人的服务、劳动和管理息息相关。树立人本理念是旅游管理工作必不可少的。

一、人本理念的概念

简单地说，人本理念就是以人为本的管理思想。在人本理念中，强调人是一切管理活动的中心，是管理系统中最活跃、最具能动性、最具创造性的要素，是其他所有构成要素的主宰。在人本理念中，其不但对人在管理中的主导地位非常注重，做到人尽其才，而且对人才资源的开发、提高管理水平和管理价值也非常重视。从实质上来说，人本理念就是在管理中把人看作最主要的管理对象和最重要的管理资源，一切管理工作都必须调动和发挥人的积极性、主动性和创造性，以做好人的工作为根本。

不管是何种管理，实际上就是为了实现特定的管理目标，对各种有限资源所进行的培育、发掘、利用和协调活动。各种与实现特定目标有关的资源都是管理的对象，如人、财、物等。人是管理对象的所有要素中最能动、最重要和最活跃的因素，其是实现对其他资源管理的主体，因此，可以说管理归根到底是对人的管理。在管理中，人既是管理者也是被管理者，也就是说，人是管理主体和管理客体的统一。

旅游管理的人本理念是管理活动客观规律的反映，是人们对管理活动合理规律的理性认识。仅仅在协调或只顾引进上贯彻人本理念是不行的，而应充分培养、发掘现有人员的潜力，运用一切可能的方法来调动现有人员的积极性、主动性和创造性，最大限度地利用好现有人力资源，以此来推动企业各方面管理工作获得最大效益，达到以最少的资源代价去实现企业特定目标的管理目的。

二、人本理念的内容

人是社会发展的决定性因素，任何事情都离不开人的劳动、服务以及管理。人本理念体现了现代社会对人的认识和对人性的理解以及管理理论的新发展。以下是人本理念所包含的管理思想主要表现方面。

1. 把员工看作企业的主体

把员工视为企业的主体，体现人的重要作用，是管理实践和管理理论逐步发展的结果。从整个管理学发展来看，对人的认识大体经历了五个阶段，分别提出了"工具人""经济人""社会人""决策人"和"复杂人"的观点。

在"工具人"与"经济人"中，其早期的观点是把劳动者视为生产过程中一种不可缺少的要素，劳动者被看成是机械的生产工具，将管理者的人与作为管理对象的人完全对立起来。在这两种观点中，只看到了人的经济需要，而忽视了其他的方面，片面地认为经济利益是人的动机和行为的驱动因素，经济动机支配着劳动者的行为。

在第二次世界大战以后，一些管理学家和心理学家对人的行为进行了精心的研究，他们认为，企业的生产效率、质量和成本是由人的行为决定的。人的行为是由动机决定的，而动机又是由需要决定的，这是因为，人都处在人群关系之中，是群体的一员，并不是孤立存在的。

在马斯洛需求层次理论出现后，人们对人性有了更进一步的认识，人的社会属性决定了人的社会需要，又由于社会需要是多方面的，因此，人的行为动机也十分复杂。另外，人在个人需要及自我价值上也充满判断和取舍，经济动机只是其中的一个基本因素。因此，人不仅是一个"社会人"，而且还是一个"决策人"和"复杂人"。在这种认识指导下，管理者必须从多方面去激励员工，并对他们的行为进行引导，使其符合企业的要求。

2. 有效管理需要员工参与

实现有效管理，可以通过高度集权，凭借严格的管理制度和组织纪律，重奖重罚，以期确保个人职责及工作程序的最高、最大限度的效率，并有效地防止和消除渎职、怠工、腐败和浪费。通过这种方法，虽然能迅速达成意想中的效果，但这其中也有很多的弊端。例如，在这种管理中，严格的制度和信奉奖赏惩罚是其核心部分，但却无法保证等。

另外，适度分权、民主管理也是一种实现有效管理的途径。依靠科学管理和员工参与，将个人利益与企业利益紧密结合，使企业员工能够自觉努力地工作，从而保证企业管理的高效。

3. 对人的管理应尊重人性

人本理念要求对人的管理必须遵循人性化思路。在一个企业中，无论员工居于何种位置，他们在人格上都是平等的。尊重人性特点，是对人的潜力的开发与管理的出发点，也是终极目的。

因此，追求"共同参与、共同发展、共同分享"，在企业中是十分必要的。在旅游企业的人力资源管理中，认识人性是人力资源开发与管理的前提和基础；尊重人性是人力资源开发和管理制度制定、实施的核心内容和具体体现，以人为本是人力资源开发与管理的目的和追求。只有认识到人性才谈得上尊重人性，进而根据人性的特点制定、实施各种管理方式，才能达到以人为本。

4. 管理必须做到为人服务

在人本管理中，强调以人为中心，管理的目的在于为人提供服务，其本身就是服务。人是管理主体，尊重人的权益，理解人的价值，关心人的生活，并且提供可靠的途径，创造优厚的条件，使人在企业中得到发展，实现人的目标。企业只有拥有满意的员工，才能保证生产经营活动的正常进行，才能获得最大的效益回报。企业为人服务，人为企业奉献。人是服务的主体，企业才会有生机和活力。

三、人本管理的原则

管理者对被管理者的尊重与信任和被管理者对管理者的拥护与爱戴是建立人本理念的基础。人本理念的贯彻需要遵循以下几个方面的原则。

（一）行为原则

在现代管理学中，强调需要与动机是决定人的行为的基础。人类的行为规律是需要决定动机，动机产生行为，行为指向目标，目标完成使需要得到满足，于是又产生新的需要、动机、行为，以实现新的目标。管理者在了解和掌握这一规律之后，就应该对自己的下属行为进行行之有效的科学管理，将员工的潜能最大限度地发挥出来。

行为原则是指管理者要求对自己下属的行为进行科学有效的管理，最大限度地调动员工的积极性、主动性和创造性。行为原则认为，对人的管理一定要具体体现在对人的行为的管理上，尤其是对人的动机性行为进行研究。只有通过对这种行为的科学管理，才能真正触动人的主导需要，从而引发出极大的动力，并正确引导其向企业目标方向发展。

（二）能级原则

在能级原则中，认为人和其他要素的能量并不是相同的，而是有着大小和等级之分，并会随着一定条件而发展变化。因此，需要根据个人的能力大小来安排合适的位置，使每一个员工都能充分发挥自己的价值，以此来保持和发挥组织的整体效用。能级原则强调知人善任，调动各种积极因素，把人的能量发挥在与管理活动相适应的岗位上，是实现资源优化配置的重要原则。

（三）动力原则

在动力原则中，认为事物要在有动力的情况下才会运动，否则就会停滞，管理活动必须有强大的动力，正确运用动力才能使管理活动持续有效地进行下去。管理动力是指在管理活动中可导致人们的活动朝着有利于实现组织整体目标的方向做有序的、合乎管理要求的定向运动的一种力量。人们对满足各种需要的追求是管理的动力之源。

正确把握动力原则，需要正确认识各种动力（物质和精神）的作用及相互关系，能够对各种动力进行综合运用；需要对个体动力和集体动力、眼前动力和长远动力的关系进行正确的处理，协调个人目标与集体目标，使两者的方向能够基本保持一致，尊重、引导和教育个人目标；还需要科学运用动力的刺激量。

（四）纪律原则

无规矩不成方圆，没有纪律的组织是无法长期生存的。因此，组织内部从上到下都应该制定并遵守共同认可的行为规范，一旦违犯了纪律，就应该得到相应的惩罚。

贯彻纪律原则，需要建立纪律约束机制和行为监督机制，管理者不但要自己树立纪律理念，坚持原则，而且还要对员工的行为进行监督。另外，在组织内部还要建立个人行为自我约束系统，使每个员工自觉地进行自我管理，充分体现组织对人性的尊重。

总而言之，在旅游管理中，管理者要把人本理念贯穿于旅游工作的各个方面、各个环节，都要从游客的需求出发，以游客满意为目标，充分体现"人性化、亲情化、个性化"的要求，树立起旅游业安全、舒适、文明的良好形象。

第二节　现代旅游管理的系统理念

一、系统的概念

在不同的领域中，对系统的定义也有所不同。在这里，我们认为系统是由若干相互联系、相互作用的部分组成的，在一定环境中具有特定功能的有机整体。

在这个定义中，"组成部分"一般被称为"子系统"或"要素"。在这里，子系统和要素是相对于具体系统来说的，如果抛开所属的具体系统，那么要素的属性也就不复存在了，也就没有意义了。另外，系统中子系统或要素的划分也是相对的，通常是根据系统的性质、系统的功能和研究问题的需要，将那些相对独立的、对系统的构成和功能起重要作用的部分划分为一个要素。

在一个具体的系统中，以下三个要素是必须具备的。

（1）组成要素必须是两个或两个以上，它们是系统组成的基本成分和系统形成的基础。

（2）要素与要素、要素与系统、系统与环境之间，存在着相互作用和相互联系，从而在系统的内部和外部形成一定的结构和秩序。

（3）系统具有其各个组成部分所没有的新的性质和功能，并和一定的环境发生交互作用。

这三个基本条件是任何一个系统都必须具备的，缺一不可。

系统是一切事物存在的形式，任何事物都可以看作是一个系统。根据系统形成的方式，我们可以将系统分为自然系统和人工系统。顾名思义，自然系统是由自然物自然形成的。人工系统是用人工方法建造起来的系统。根据系统组成要素的特征，又可将系统分为物质系统和概念系统。物质系统是由物质实体组成的系统，概念系统是由概念、原理、原则、制度、程序等非物质实体组成的系统。按照系统与环境的关系，可将系统分为孤立系统、封闭系统和开放系统。孤立系统是指与环境不进行物质、能量和信息交换的系统。封闭系统是指与环境之间仅有能量交换，而无物质和信息交换的系统。开放系统是指与环境之间有物质、能量和信息交换的系统。除了上述这些分类方法之外，还可按系统的其他特征对系统进行分类。实际的系统通常具有复合性，旅游企业就是一个复合系统。

二、系统的特征

在现代科学管理中，系统原理是一个非常重要的原理，它要求管理者必须认清管理系统的集合性、层次性、相关性、目的性、全局性、适应性等基本特征。

（一）集合性

与其他事物一样，管理也呈现系统形态，同时，管理又都是由相关的众多要素通过相互联系、相互作用、相互制约、有机结合而构成的系统集合体，也称"复合体"。

（二）层次性

层次性表现在系统的各种组织属于更大、层次更高的系统的一个组成部分。另外，在系统的内部，各组成要素也是按照一定的层次进行排列组合的，处于不同层次的系统要素，有着不同的功能和作用。例如，在旅游企业中，上级管理下级、下级对上级负责，总体统领局部、局部服从整体，在更大的系统内，则要求旅游企业要适应社会环境的变化和需求，并依靠与社会相互交换物质、能量和信息而得到发展与提高。

（三）相关性

无论是何种系统，都有着自身的属性和功能，但是，系统属性和功能并不是系统要素直接形成的，而是必须通过"结构"这个中介才能实现。结构说明系统的存在及系统、要素互相联系、互相作用的内在方式。而要素间的相互关联，要素与系统的相互依存，是系统相关性的基础。有机结合的结构产生系统属性和功能。在系统中，各要素之间是相互作用、相互联系的，这也就是所谓的系统相关性，在这些作用和联系下，各要素才能结合成一个整体。

（四）目的性

无论是何种系统，都有着自己特定的目的，也就是所谓的目标。在系统中，目标具有启动、导向、激励、聚合和衡量的作用。如果没有目的，那么，各要素就无法形成一个整体，系统就不能存在和运转。在每个系统中，其总的目的是唯一的，系统内的各部分的运作都要围绕总目标进行，即便是在确定或调整子系统的具体目标时，也要以总目标为依据。在世界上，系统只有自然系统和人造系统两种类型，自然系统是由自然物形成的，而人造系统则是人们为了达到某种目的而建立的。人造系统的目的性非常明确，主要表现在系统要素的选择、联系方式及运动等方面，反映人的某种意志，服从于人们的某种目的。

（五）全局性

系统是一个整体，其是由若干相互作用的元素组成的。虽然说各元素在系统中有着相对独立性，但它们必须为作为一个整体的系统服务。系统的全局性要求我们立足全局，科学地组合各要素，形成合理的结构，使各局部性能融合为全局性能，从而使系统的最佳整体效应发挥出来。

（六）适应性

系统的适应性是指系统对环境的适应性，也就是系统对环境的作用，即系统把环境的输入转换成自身的输出的转换作用。在状态与功能上，所有系统都是变化的，系统不仅作为一种功能实体而存在，而且作为一种运动而存在，这种运动表现为系统内部的联系和系统与环境的相互作用。只有在对环境的动态适应过程中，系统的功能才能得以充分体现。

三、系统管理的特点

旅游管理的系统理念，要求我们在实际工作中，必须从整体上来看问题，对于实际问题，必须用系统方法进行分析，正确处理组织内部与外部、局部与全局、眼前与长远利益的关系，确定正确的组织目标，合理运用所需各种要素和资源。系统管理的特点，主要有以下几个方面。

（一）管理优化的整体性

系统管理模式并不是某个局部或单项指标的最优，而是追求系统整体效能最优。作为一个系统，旅游组织与一般的系统不一样，它是经过人工改造或人工创造的特殊系统，是一种能动的系统。因此，整体优化在旅游系统中就非常重要，管理者必须协调好组织的决策、指挥、监督、运营等系统，统筹好组织输入的人、财、物、信息与输出的符合社会需要的产品和服务，只有这样才能在实现经济效益的同时也实现社会效益。

（二）管理目标的系统性

为了保证组织整体效能最优，对涉及组织效能的各个方面，系统管理模式都规定目标，也就是规定组织总体的奋斗目标。又通过目标分析，对各部门、各岗位的奋斗目标进行明确规定，进而形成相互依存的目标网络体系。

（三）管理过程的完整性

系统管理模式将管理活动看作一个完整的过程，而不是某一个或某几个环节。

（四）管理主体的全员性

系统管理模式认为，只有组织全体成员共同努力，才能实现组织目标。因此，主张实行全员管理，发动全体人员参与目标的制定及计划实施，主张自我控制。

（五）管理职能的综合性

由于围绕实现目标的计划、组织、控制等职能活动，是相互渗透、相互制约、难以割裂的，因而，在结合管理的各种基本职能方面，系统管理模式十分注重，以发挥它们互为保证的作用。

（六）管理方法的先进性

在系统管理模式中，现代管理方法运用较多，通过运用现代科学技术发展的最新成果，实施更为有效的管理。

（七）管理程序的循环性

管理活动在系统管理模式中被看作一个由若干管理步骤形成的封闭的循环体，是一个周期连着下一个周期，进行无限循环。

四、系统原理的原则

贯彻系统理念，对管理系统的整体作以充分、细致的认识和把握是现代管理要追求成功、追求效益，顺利实现预期的目标必须要做的。这包括把握管理系统的总体目标，认识实现目标应采取的基本战略措施、主要条件以及如何正确处理该系统与其外部环境的关系等，实现管理系统的整体优化，以便使管理工作始终朝着总目标前进，并为科学的分工和协作奠定良好的基础。在管理活动中遵循系统理念应坚持下列几项原则。

（一）整体性原则

在系统中，整体性是最本质的属性，其主要包括要素对系统整体效益的不可分割性和系统整体功能对要素功能的非加和性两个方面的内容。

在系统中，任何一个要素都是一个有机组成部分，系统的整体功能就是所有要素共同作用的结果，如果缺乏某个要素，系统的功能就会受到影响。相对于系统来说，要素只具有相对的独立性。在旅游企业系统中，每一个局部都是不可缺少的部分，任何部门都不能独立于企业之外。因此，旅游企业既要根据生产经营活动的需要，赋予子系统一部分权利，又要强调集中统一指挥。

作为一个整体，系统要发挥它的整体功能，而整体功能的发挥是各要素有机结合的结果。在运用系统方法对事物进行分析时，不能简单地将分析对象看作是若干简单事物堆砌而成的，而是要将其视为具有新的性质和功能的整体。不追求构成系统的要素在某个方面处于最优状态，而是达到系统整体效能的最大化。

（二）结构性原则

系统内的各要素按照一定的层次和顺序，在空间和时间位置上形成有序结构。系统的整体功能便只能在这种有序结构下才能充分发挥出来，如果破坏了这种有序结构，或者没有形成这种有序结构，那么，系统的功能就会受到影响。系统功能与要素结构有序性之间的关系就是系统的结构效应。

系统要素的结构有序性主要体现在要素空间排列的有序性、要素时间排列的有序性、要素运动的规则性三个方面。

系统结构的有序性观点揭示了系统要素结构与系统功能之间的关系，它指导人们通过系统要素的有序结构来实现系统的整体功能或进行系统结构优化。

（三）相关性原则

系统内各要素之间相互联系，构成一个有机整体。这种相互联系表现为它们之间的相互作用、相互依赖、相辅相成、不可分割。在一个系统中，孤立要素是不应该存在的，如果有这种要素存在，那么就说明系统结构不合理，是一种资源的浪费。

通过物质、能量和信息的交换是要素之间进行联系的方式。对于企业系统来说，物质传递是作为子系统之间的主要联系，而作为子系统与管理子系统之间或管理子系统与管理子系统之间则以信息传递为主。

相关度是衡量要素间相关性强弱的标尺，相关度越大，说明要素之间的关系越密切，反之则比较疏远。在社会经济系统中，用相关强度进行定量计算是困难的，因而只能从概念上予以定性描述。相关强度在进行系统组织结构设计时既是组织结构设计的依据，也是衡量组织结构好坏的测量标准。通常而言，合理的组织结构，要素间的相关强度最好低些，这是因为，这样可以避免相互之间过多的牵制，对发挥专业化分工和各部门的积极性也非常有利。但是，如果强度太弱，割断了相互之间的联系，要素间的信息沟通就是比较困难，容易造成工作脱节。因此，在组织结构中，要素间的相关性应适中。

合理的相关性有利于促进系统整体功能的发挥，称为正相关；不合理的相关性会降低系统的整体功能，称为负相关。所以，相关性是系统功效整体性的基础。在旅游企业管理中，应该使系统保持正相关状态，克服负相关的出现。

（四）动态性原则

系统的动态性是指系统的状态是随时间变化的。系统的动态性表现为平衡动态和演化动态两种形式，平衡动态是指在不改变系统内部结构的条件下，系统状态随时间变化，它是系统的微观特性。在演化动态中，系统的内部结构和行为功能会发生变化，从而造成系统状态随时间而变化。在一个开放的系统中，为了实现与外界进行物质、能量和信息交换的目的，其内部要素会不停地运动，但这种运动并不会对系统的内部结构造成影响，只是量的变化，这就是平衡动态。但在某些情况下，由于外界的影响，系统要素的运动，离开了平衡状态，通过与外界进行物质、能量和信息的交换，产生自组织现象，在远离原平衡状态的情况下形成新的系统结构，称耗散结构，这是一种新的平衡状态，是原先的平衡状态的升级版，即系统演进。

企业系统是一个开放系统，其受外界环境的影响较大，当外界环境变化时，原来的内部结构所体现的功能已不能适应新的环境，这时系统会不断地与外界进行物质、能量和信息的交换，自行对结构进行调整，产生新的功能，使企业向前发展。系统自身以及系统对环境的适应过程，都处于不断的运动和变化状态中，系统内部的平衡和系统与环境的平衡也是通过这种运动实现的。

动态管理需注意以下两点：

1. 反馈原则

产生效能是系统管理活动的必然结果，而对其因果关系进行评析或者进行调控，主要是根据反馈信息来进行的。在因果之间、控制者与被控制对象之间，反馈能建起联系的桥梁。只有经常、及时、准确地掌握反馈信息，才能不断调控管理过程，获得理想的管理效能。

2. 弹性原则

由于管理的要素、过程及管理环境都具有复杂多变的特点，因而，人们的认识往往不能百分之百地把握它们，而且人本身又是最复杂的自变因素，因而，常常存在力所不及和顾此失彼的现象。所以，在进行管理时，必须留有余地，把握其伸缩性，注重随时调节。

第三节　现代旅游管理的战略理念

如今，环境的变化越来越剧烈，旅游行业中的竞争也是日趋激烈，因此，要想在激烈的竞争中站稳脚跟，求得发展，就必须深谋远虑，具备战略眼光，确定战略定位，明确战略重点，抓好战略策划，并加以有效实施。

一、战略的概念

在最初，"战略"一词用于军事作战领域。但随着生产社会化和市场经济的发展及信息技术的推广应用，战略思想逐步进入经济组织领域。

我们认为，战略就是组织在分析企业外部环境和内部条件的基础上，为了求得生存与发展，为实现总体目标及根本对策所做出的全局性的、长远的谋划。

在一个企业中，如果没有战略，那么，其生命力必然不会长久。一个企业，只有在战略上有一个准确的定位，才能顺应时代发展的潮流，才能抓住机遇，加快发展。反之，如果一个企业的定位不准确，那么，企业的发展必然会受到挫折，甚至一蹶不振，最终走向破产。从某种意义上说，今天的企业已进入了战略竞争的年代，企业发展的中心问题便是企业战略问题，在相当程度上，企业之间的竞争表现为企业战略思维、战略定位的竞争。因此，制定和执行正确的企业战略已成为在激烈动荡的市场竞争中取得胜利的关键。

二、战略的特征

总的来说，组织战略的特征主要包括以下四个方面。

（一）全局性

组织的发展要根据战略进行，企业的战略对组织经营管理的一切具体活动具有制约作用。现代管理者应该善于审时度势，能够运筹帷幄之中，决胜千里之外。组织战略是在研究与把握组织生存与发展的全局性指导规律的基础上，对组织的总体发展及其相应的目标与对策进行谋划，这属于组织的总体战略。如果是在照顾各个方面的全局观点的指导下，对组织的某个方面的发展及其相应的目标与对策进行谋划，那么这属于组织的分战略。

（二）长远性

战略管理考虑的是企业未来相当长一段时期内的总体发展问题，通常是未来 3~5 年或更长远。从组织战略中，可以看出企业长远发展的要求，是关系组织今后一个较长时期的奋斗目标和前进方向的统筹策划，其注重的是组织的长远的根本利益。

（三）抗争性

组织战略是组织为在激烈的市场竞争中获胜，求得生存与发展而制定的。伴随着时代的发展，国内竞争国际化，国际竞争国内化，组织战略的正确与否已成为组织胜败兴衰的关键。只有在战略正确的情况下才能取得优势地位，战胜对手，使组织得到快速的发展，否则，必然会使组织受损，甚至导致破产。

（四）稳定性

组织战略在制定之后，必须保持相对的稳定性，不能随意更改。因此，组织在制定战略时，必须对外部环境和内部环境进行准确的把握，正确进行决策。稳定性要与应变性相结合，当组织的外部环境和内部条件发生变化时，就要适时地调整组织战略。

三、战略的体系

无论组织是否以盈利为目的，战略管理都非常重要。在这里重点对旅游企业的战略管理作简要论述。

企业战略是组织生存和发展必须遵循的原则和方针，因此，在制定企业战略时，应从组织的具体情况出发，随着企业资源优势的变动而变动。企业战略是一个体系，由企业的总体战略和各方面的分战略构成。

（一）企业总体战略

企业总体战略是对企业的总体发展及其相应的目标与对策进行谋划，是属于支配地位的战略，决定企业的兴衰成败。企业总体战略可以根据不同的标准划分为不同的类型。

1. 按照企业在市场竞争中所处的地位与态势划分

（1）攻势战略。这种战略又称为进攻型战略或发展型战略，其具有不断开发新市场、扩大投资规模、掌握市场竞争的主动权，在现有基础水平上向更高的目标发展的特点。无论是在技术发展、生产发展等方面，在采用这种战略时，企业应当有雄厚的资源以及优良的素质。

（2）守势战略。这种战略又称稳定型战略或维持型战略，其具有维持已有的经济效益，安全经营，不冒风险的特点。

（3）撤退战略。这种战略又称退却型战略或紧缩型战略，这种战略通常用于经济不景气、财政紧缩、市场疲软等情况。采取这种战略，可以局部撤退，适度将经济指标降低，并对内部进行适当调整或技术改造，保存实力，待机而起。或者当企业遭受竞争对手的巨大挑战，很难维持时，可以大规模减产，甚至改变经营领域，退出某些市场。

2. 按照企业产品参与市场竞争的幅度划分

（1）单一产品战略。发展单一产品，努力提高增长速度，增加销售收入，提高市场占有率。

（2）主导产品战略。以某种产品为主导，兼营多种产品。

（3）多种经营战略。企业向市场提供不同质的多种产品和劳务。

（二）企业分战略

企业分战略是在企业总体战略的指导下，对企业的某一方面的发展及其相应的目标与对策进行谋划，而制订的战略。很显然，分战略应该各方面都与总体战略相互协调一致，并保证总体战略的实现。按照企业职能制定的分战略主要有以下几种：

1. 市场战略

市场战略包括市场选择战略和市场发展战略，市场选择战略又包括退出、维持与发展三种战略，市场发展战略又包括市场渗透型、市场开拓型、产品开发型和混合型等四种类型。

2. 产品战略

产品战略与市场战略的关系十分密切，无论是何种企业都必须依靠价廉物美的产品去持续地占领市场，并不断地提高市场占有率，从而提高企业经济效益。产品战略包括产品选择战略、产品开发战略等类型。

3. 技术发展战略

企业要制定正确的技术发展战略，要向科技进步要效益。要不断强化技术开发和推广，加速科技成果商品化、产业化进程。坚持自主研究开发和引进国外先进技术相结合，对企业生产发展的重大与关键问题要努力解决，积极应用高新技术。

4. 人才战略

在企业中，人才始终是最重要的资源，其也是决定企业兴衰胜败的重要因素。人才战略包括人才开发、人才培训和人才使用等方面的内容。

5. 投资战略

投资战略决定企业资金的合理分配和有效利用，具体规定企业资金投入的方向、方面及其数额。

6. 竞争战略

竞争战略就是在研究市场环境尤其是竞争对手行动的基础上制定的企业参与市场竞争的谋划。其与企业的生存和在竞争中的命运直接相关。企业竞争战略包括低成本战略、产品差异战略和重点攻关战略三种类型。低成本战略是指努力维持低成本，以廉价商品供应市场，确保市场占有率，取得竞争优势。产品差异战略是指生产出该行业中其他企业所没有的独特产品，形成独家经营的市场。重点攻关战略是指将经营重点集中在市场的某一部分，在那里建立和保持企业产品的竞争优势。

7. 企业文化战略

企业文化主要是指企业的指导思想、经营哲学和管理风貌。制定企业文化战略的目的是为了在企业加强精神文明建设，培育高素质的职工队伍。创造能够充分调动职工的积极性、创造性的宽松和谐环境，培育职工的主人翁意识，建立共同的价值观，建设企业精神，塑造企业形象，增强企业的凝聚力和长远发展的精神动力。

四、战略的作用

战略是企业全局性的行动方针。因此，战略的正确与否决定着企业经营的成败。同时，战略决定了企业在未来较长一段时期内的经营方案和目标，其作用主要体现在以下几个方面。

（一）战略是编制经营计划的依据

从本质上来说，战略是计划的一种，但它是带方向性的、反映全局的、长远的计划。它是通过许多具体的、短期的经营计划的实现来实现的，短期的经营计划是战略计划的保证，因此，在编制经营计划时，必须以战略计划为依据。

（二）战略有利于克服企业的短期行为

战略计划确定了企业长远的发展方向和目标，这就能使经营者把近期利益与长远目标结合起来，使企业做到持续发展。如果没有战略计划，那么，经营者在决定企业的经营活动时，必然会只顾局部利益、急功近利，从而对社会生产力造成极大的损害。

（三）战略有利于企业回避风险，稳步发展

战略计划的周期比较长，从而有效减少了企业发展过程中的波动。从理论上讲，企业发展的平衡性会随着战略周期的延长而越好。但是，如果周期太长，那么对未来环境变化的预测的准确性就愈低，从而使得按太长周期确定的目标没有实际意义。因此，企业的经营战略计划不宜太长，通常在 5 年左右较好。

五、遵循的原则

从战略管理中，可以看出一个企业发展自我走向长期的自主性。战略管理对企业走向成功非常有利。但是，如果战略管理不正确，则必然会取得相反的效果。因此，战略管理要遵循科学的原则。

通常来说，战略管理要遵循以下几种原则。

（一）适应环境原则

企业处于社会之中，企业内外的各种环境都会对企业的存在和发展产生影响。在这些环境因素中，有些是直接作用于企业，例如政府、顾客、员工、竞争对手等，有些是间接作用于企业，例如政治、经济、技术、文化等。因此，在制定战略管理时，应充分认识这些环境因素，分析机会和挑战，并采取相应的措施。换句话来说，战略管理就是要实现企业与环境的和谐。

（二）全过程管理原则

战略管理并不是一步就可以完成的，它是一个过程，主要包括战略制定、战略实施、战略控制、战略评价和修订等步骤。只有将战略管理作为一个完整过程来进行管理，重视其中每一个阶段，才能取得战略管理的成功。在某些企业中，可能也制定了发展战略，但忽视了战略实施，从而使战略管理成为纸上谈兵。

（三）全员参与原则

战略管理是全局性的，其有一个制定、实施、控制和修订的全过程，因此，战略管理需要企业全体员工的参与，而不仅仅是企业领导和战略管理部门的事。当然，在战略管理的不同阶段，员工的参与程度是不一样的。例如，在战略制定阶段，主要是最高层管理者的工作和责任，但在进入战略实施的控制阶段，企业中基层管理者及全体职工的理解、支持和全心全意的投入是十分重要的。

（四）整体最优原则

在进行战略管理时，应将企业视为一个整体，要强调整体最优，而不是局部最优。整体最优原则体现在以下几方面：

（1）战略管理不强调企业某一个局部或部门的重要性，而是通过制定企业的远景目标来协调各单位、各部门的活动，使它们形成合力。

（2）在战略实施过程中，应根据企业组织结构、企业文化、资源分配方法等对战略实施的影响来对它们进行选择。

（3）在战略评价和控制过程中，战略管理更重视各个部门、单位对企业实际远景目标的贡献大小。

（五）反馈修正原则

在一般情况下，战略管理涉及的时间跨度较大，通常有几年。在战略管理的过程中，环境因素可能会发生变化。因此，为了保证战略的适应性，企业必须不断地跟踪反馈。所以，从实质上来说，战略管理是一种滚动式管理，只有持之以恒，才能确保战略意图的实现。

第四节　现代旅游管理的创新理念

在一个组织中，没有创新就没有发展的动力，也就不会保持旺盛的生命力。在旅游管理工作中，必须不断创新。

一、创新的概念

从哲学的观点来看，创新是一种积极的、辩证的否定，是扬弃旧事物、生成新事物的过程。但在管理领域中，创新是指一种思想和原则，以及在这种思想和原则指导下，组织所从事的不断适应环境变化、满足社会需求的实践活动。

创新的概念是由美籍奥地利经济学家熊彼特最先提出来的。他认为，创新是对"生产要素的重新组合"，具体来说，包括以下五个方面。

（1）生产一种新产品。消费者对这种产品不熟悉，或是已有产品的一种新用途和新特性。

（2）采用一种新的生产方法。这种方法在有关的制造部门中未曾采用，这种方法不一定要建立在科学新发现的基础上，它可以是以新的商业方式来处理某种产品。

（3）开辟一个新的市场。就是使产品进入以前未曾进入的市场。

（4）获得一种原材料或半成品的新的供给来源。不管这种来源是已经存在的还是第一次创造出来的。

（5）实现一种新的企业组织形式。例如建立一种垄断地位，或打破一种垄断地位。

熊彼特使用创新这一定义，是将新产品、新工艺、新方法、新制度应用到经济中去的第一次尝试。熊彼特的创新理论已经涉及产品创新、技术创新、市场创新和组织创新等方面。

在熊彼特之后，许多研究者也对创新进行了定义，其中以下几种最具代表性。

（1）创新是开发一种新事物的过程。这一过程从发现潜在的需要开始，经历新事物的技术可行性阶段的检验，到新事物的广泛应用为止。

（2）创新是运用知识或相关信息创造和引进某种有用的新事物的过程。

（3）创新是对一个组织或相关环境的新变化的接受。

（4）创新是指新事物本身，具体来说就是指被相关使用部门认定的任何一种新的思想、新的实践或新的制造物。

（5）创新是由新思想转化到具体行动的过程。

从上述可知，创新概念所涉及的东西非常多，范围非常广泛。例如，如果某项事物能够提高工作效率或者能够巩固企业的竞争地位，那么它就可以成为创新。另外，我们所说的创新不一定是一种全新的东西，旧的东西以新的形式出现或以新的方式结合也是创新。我们说，创新是生产要素的重新组合，其以获取潜在的利润为目的。

二、创新的特征

（一）创新的不确定性

1. 市场的不确定性

市场的不确定性主要是指市场未来需求的变化很难预测，例如经济环境、消费者的偏好等外界环境因素都会对市场变化产生影响。当出现根本性创新时，就无法确定市场的方向，从而也就无法确定需求。而且，还可能是不知道如何将潜在的需要融入到创新产品中去，以及未来产品如何变化以反映用户的需要。当有创新竞争者存在时，创新企业能否在市场竞争中战胜对手也是无法预知的。

2. 技术的不确定性

技术的不确定性主要是如何用技术来体现、表达市场中消费者需要的特征，能否设计并制造出可以满足市场需要的产品和工艺。在企业的产品构想中，很多的产品要么无法制造，要么制造的成本非常高，像这类产品的商业价值基本上是零。另外，新技术与现行技术系统之间的不一致性也是一个重要的不确定性来源。

3. 战略的不确定性

战略的不确定性主要是针对重大技术创新和重大投资项目来说的。它是指一种技术创新的出现使已有投资与技能过时的不确定性，也就是说难以判断它对创新竞争基础和性质的影响程度，以及面临新技术潜在的重大变化时企业如何进行组织适应与投资决策。很多产业竞争领先地位的交替就是当重大技术创新出现时，由战略不确定性导致的严重的战略性决策失误而造成的。

（二）创新的保护性和破坏性

不同创新会对企业产生不同范围、程度和性质的影响。会产生保护性的和破坏性的两个极端。具有保护性的创新，对企业的现有技术能力的价值和可应用性会具有提高的作用。创新的破坏性则表现在使企业现有的技能和资产遭到毁坏，新的产品或工艺技术会使企业现有的资源、技能和知识只能低劣地满足市场的需要，或者根本无法满足要求，从而使现有能力的价值降低，在极端情况下，会使其完全过时。

（三）创新的必然性和偶然性

由于管理具有不可复制性，因而创新的产生是必然的。管理的不可复制性本身就必然要求管理创新，因此，可以说任何一种管理的模式、方法都是随着时代的发展和科学技术的进步而产生的管理创新。在很多种情况下，创新的产生基于大量的实验、调研和严谨思考。另外，偶然也是今天的管理者所不能忽视的一种创新方式。例如，牛顿发现万有引力定律，就是由偶然引起的。

（四）创新的被排斥性

在通常情况下，创新活动会受到来自各方面的排斥、压力和抵制。在习惯了原有的生活方式之后，对于新的改动和变革，人们往往并不欢迎。可以说，在现代组织中，创新恐惧症已成为一种通病。在一种特定的社会环境中，对于那些公司最高管理层的人们，还有着很多的理由来使他们希望这个环境能够延续下去。但是，从这个上面也说明，从本质上来看，任何一项新产品的创新都是一场推进创新力量和排斥、抵制创新力量之间的你争我夺。而如何在这些力量中保持平衡便是管理者所面临的挑战。另一方面，我们应当要阻挠华而不实的或仅仅是象征意义的新产品的创新，以及抵制与新产品战略目标不相一致的新产品。

（五）创新的复杂性

有人将创新比作一个链条，认为只要在上游增加基础研究的投入就可以直接增加下游的新技术、新产品的产出。但是，在实际经济活动中，创新的来源是多方面的，其可以发生在研究、开发、市场化和扩散等任何阶段。创新是在诸多因素之间一系列复杂的、综合的相互渗透、共同作用中发展而来的，创新是由许多环节组成的一个螺旋式上升的轨迹，是一个复杂的系统过程，不是一个独立的事件。

（六）创新的时效性

在企业中，通常创新是从产品创新开始的。一种新的市场需求总是表现为产品需求，所以，在创新初期，产品创新是企业的主要创新活动。在新产品被市场接受之后，企业将把注意力集中在过程创新上，这种创新通常是以降低生产成本、改进品质、提高生产效率为目的。当产品创新和过程创新进行到一定程度时，企业又会将注意力逐渐转移到市场营销创新上，其目的是提高产品的市场占有率。在这些创新重点的不同时间段上，还会伴随着必要的组织创新。在新产品投放到市场一定时间后，又会有更新的产品代替它，因此，创新也具有时效性。因此，在进行创新决策时，要考虑消费者对创新产品需求的持续时间、该产品被其他产品替代的可能性以及创新所处的时期三个问题。

（七）创新的动态性

无论是何种事物，都处在变化发展之中。在企业中，组织的外部环境和内部环境在不断发生变化，因而，组织的创新能力也要不断积累、不断提高，同时还要动态调整决定创新能力的创新要素。从企业间的竞争来看，企业竞争优势会随着企业创新的扩散而消失，因而就要不断推动新的一轮又一轮的创新，以便不断地确立企业的竞争优势。所以，创新具有动态性。在不同的时期，组织的创新内容、方式、水平是不同的。从企业发展的总趋势来看，前一时期低水平的创新，总是要被后一个时期高水平的创新所替代。正是由于创新活动的不断开发和创新水平的不断提高，企业才会得到发展。

三、创新的作用

（一）创新可以使组织适应环境，为持续发展提供动力

系统与环境之间的联系是十分密切的，任何组织系统都时刻与外界环境在进行物质、信息和能量的交换，但这种状态通常是不平衡的。而组织系统只有通过不断的创新才能实现保持与环境的动态适应和平衡。如果组织不进行创新活动，那么，企业就会缺乏生命力，因此，唯有进行不断的创新，才能使企业持续发展。

（二）创新可以保持组织活力，提高组织竞争力

增强组织获取资源、利用资源的能力，提升对社会需要的认识能力，提高员工满意度、士气和信心，将组织的劣势转化为优势，将不利因素转化为有利因素是创新的重要功能，组织也因此获得相对于竞争者的综合比较优势，增强其应对竞争的实力。

（三）创新与维持相结合，可以实现组织最优化的存在状态

无论是何种社会经济技术系统，在其存在之后，首先是要求得生存，而后才是求发展。因此，维持是相对于创新的另一种组织活动状态。在组织的生存和发展中，维持和创新是必不可少的两种基本存在状态。维持是实现创新的成果，创新是为更高层次的维持提供依托。创新与维持最优组织的管理才是卓越的管理。

四、创新的内容

创新的目的在于把组织的各种资源条件、各种生产要素进行整合，创造新的更有效的运行方式，以追求效率更高的组织运行结果的过程，其包括很多方面的内容。这里主要以旅游经济活动中大量存在的旅游企业系统

来介绍创新的内容。

（一）观念创新

管理观念是指管理者或管理组织在一定的哲学思想支配下，由现实条件决定的经营管理的感性知识和理性知识构成的综合体。一定的管理观念受到一定社会的政治、经济、文化的影响，是企业战略目标的导向、价值原则。同时，通过管理的各项活动，又可以看到管理的观念。在20世纪80年代以来，出现了很多新的管理观念，如知识管理观念、经济全球化观念、战略管理观念、持续学习观念等。我国企业应该尽快适应需要，应结合自身条件，实现观念创新，只有这样才能使企业获得不断地发展，在激烈的竞争中获胜。

（二）目标创新

伴随着知识经济时代的到来，企业的经营目标也不得不重新定位，究其原因，有以下几点。

（1）企业管理观念的革命，要求企业经营目标重新定位。

（2）企业内部结构的变化，促使企业必须重视非股东主体的利益。

（3）企业与社会的联系日益密切、深入，社会的网络化程度大大提高，企业正成为这个网络中重要的联结点。

因此，在企业的经营中，其社会性也越来越凸显出来，因而，企业必须对自己的社会责任引起高度重视，在多元目标间相互协调，全面修正自己的经营目标。

（三）技术创新

在企业创新中，其主要内容就是技术创新，企业中出现的大量创新活动是有关技术方面的。从一个企业的技术水平可以看出企业的经营实力，只有不断地进行技术创新，才能在激烈的市场竞争中处于主动地位。由于一定的技术都是通过一定的物质载体和利用这些载体的方法来实现的，因此企业的技术创新主要表现在要素创新、要素组合方法创新和产品创新三个方面。

1. 要素创新

企业的生产过程是一定的劳动者利用一定的劳动手段作用于劳动对象，使之发生物理、化学形式或性质变化的过程。在这个过程中，包括材料、设备以及人力资源三类要素，因而，要素创新包括材料创新、设备创新、人力资源管理创新。材料创新是指开辟新的材料来源，开发和利用成本更低的替代性材料，提高材料的质量，改进材料的性能。设备创新是指将先进的科学技术成果用于革新设备，采用全新的装备代替原来的设备。人力资源管理的创新是指不断从外部吸纳高素质的人力资源，对企业现有的人员进行培训提高。

2. 要素组合方法的创新

要想形成产品，首先是要利用一定的方式将不同的生产要素加以组合。要素的组合包括两个方面，即生产工艺和生产过程。工艺创新是指根据新设备的要求，改变原材料、半成品的加工方法，同时在不改变现有设备的前提下，不断研究和改进操作技术和生产方法，以求得现有设备的更充分的利用以及现有材料的更合理的加工。工艺的创新与设备创新是相互促进的，设备的更新要求工艺方法做相应的调整，在工艺方法完善之后又必然促进设备的改造和更新。因此，企业应对空间分布和时间组合进行不断的研究和采用，协调好人机配合，提高劳动生产率，缩短生产周期，从而在不增加要素投入的情况下，提高要素的利用效率。

3. 产品创新

在产品创新中，主要有品种创新、结构创新和效用创新等。品种创新要求企业根据市场需要的变化以及消费者偏好的转移，对企业的生产方向和生产结构进行及时的调整，不断地开发出消费者欢迎的产品。结构创新是在不改变原有品种基本性能的基础上，对现有产品结构进行改进，使其生产成本更低，性能更完善，使用更安全，更具市场竞争力。效用创新是指通过了解用户的偏好，并以此对原有产品进行改进，开发新产品，使产品能给用户带来更多的满足，更受用户欢迎和喜爱。在企业技术创新中，其核心内容是产品创新，其既受制于技术创新的其他方面，同时又会对其他技术创新效果的发挥产生影响。新的品种、新的结构、新的效用，往往要求企业利用新设备和新工艺，而新设备、新工艺的运用又为产品的创新提供了更优越的物质条件。

（四）制度创新

制度是组织运行方式、管理规范等方面的一系列的原则规定。制度创新是从社会经济角度来对企业系统中各成员间的正式关系的调整和变革进行分析。只有具有完善的制度创新机制，才能保证技术创新和管理创新的有效进行。如果一直沿用旧的、落后的企业制度，那么，就会使企业的创新和发展受到制约。产权制度、组织制度和管理制度是企业制度的三个方面。企业制度创新就是实现企业制度的变革，通过对企业所有者、经营者和劳动者三者的关系的调整和优化，使各个方面的权利和利益得到充分的体现，不断调整企业的组织结构和修正完善企业内部的各项规章制度，使企业内部各种要素合理配置，并发挥最大限度的效能。

（五）结构创新

在工业化社会的时代，市场环境相对稳定，企业大都以正规化和集权化来实现规模经济效益、降低成本。但随着企业规模的不断发展，组织复杂化程度也越来越高。伴随着信息社会的到来，环境不稳定因素越来越多，竞争也越来越激烈。当管理者意识到传统的组织结构与现代环境的多变性不适应之后，便会实施创新。只有能随着环境的变化而不断地对自己的结构进行调整，使之适应新的环境的组织才是一个有效的组织。目前，企业组织正在不断朝着灵活性、有机性的方向发展。

（六）环境创新

企业的经营依靠环境，同时也受到环境的制约。环境创新不是指企业为适应外界变化而调整内部结构或活动，而是指通过企业积极的创新活动去改造环境，去引导环境朝着有利于企业经营的方向变化。例如，通过企业的技术创新，影响社会技术进步的方向；通过企业的公关活动，影响社区政府政策的制定。从企业方面来说，市场创新是环境创新的主要内容。市场创新是指通过企业的活动去引导消费，创造需求。在通常情况下，人们认为企业创造市场需求主要是通过新产品的开发来实现的。但事实上，市场创新的更多内容是通过企业的营销活动来进行的，也就是在产品的材料、结构、性能不变的前提下，或通过市场的地理转移，或通过揭示产品新的物理使用价值，来寻找新用户，再通过广告宣传等促销工作，来赋予产品以一定的心理使用价值，从而影响人们的某种消费行为，诱导、强化消费者的购买动机，增加产品的销售量。

（七）文化创新

管理发展到文化管理阶段，标志着管理已经达到了一个新的高峰。企业文化通过员工价值观与企业价值观的高度统一以及企业独特的管理制度体系和行为规范的建立，使管理效率有了较大的提高。创新是现代企业文化的一个重要支柱，同时也是社会文化中的一个重要部分。在文化创新成为企业文化的根本特征之后，创新价值观就得到了企业全体员工的认同，行为规范就会得以建立和完善，企业创新动力机制就会高效运转。

五、创新的原则

为了推动创新，并保证创新活动的顺利进行，需要对各方面的关系进行正确的处理，遵循一定的原则。创新的主要原则包括以下几个方面。

（一）创新与维持相协调的原则

创新活动与维持活动之间的关系是既有区别又有联系，二者是相辅相成的。只有在维持的基础上才能创新，而创新又是维持的发展；维持是为了实现创新的成果，创新为维持提供更高的起点；维持使组织保持稳定性，创新使组织具有适应性。在组织的生存和发展中，维持和创新都是必不可少的。

不可否认的是，在某些时候，创新与维持也是相互矛盾、相互冲突的。因此，在管理中，管理者应当正确处理二者的关系，寻求创新和维持的动态平衡和最优组合，同时，这也是创新应遵循的原则。在企业中，创新与维持的平衡和组合是复杂的，也是多方面的，例如，创新目标、规模、顺序的选择要适当，新技术的引入和改进创新要紧密结合等。

（二）开拓与稳健相结合的原则

创新离不开开拓。开拓就是要不断地向新的领域、新的高度进发。如果没有开拓进取，那么创新就无从谈起。然而，在企业中，往往会存在不思进取、安于现状的现象，并且创新活动也经常会受到来自各方面甚至是高层管理者的非议、排斥、压力和抵制，在很多人心中会有各种各样的担心。而这些现象的存在会成为企业创新的最大障碍。所以，针对这种情况，企业管理者应以极大的热情鼓励、支持和组织创新活动，要创造促进创新的组织氛围，重塑企业文化，激发员工人人奋发向上、开拓进取。

另外，企业的创新必须要建立在现实的基础之上，不能背离科学，不能有半点虚假。在开拓的同时也要求实。求实稳健并不意味着就是安于现状、墨守成规，只有面向社会、面向市场，从实际出发，量力而行，才能保证创新成功和稳步发展。如果变革脱离实际，那么就会不可避免地出现盲目性、随意性和反复性。实践证明，创新者不是专注于冒险而是专注于机会，通过感性认识上升为理性认识，在系统分析创新机会来源的基础上，找准机会并加以利用。在创新展开之后，就必须脚踏实地采取各种措施，经过持续的努力，确保创新的成功。

（三）统一性和灵活性相结合的原则

有组织的创新，必须有统一明确的目标、相互协调的行动、优势集中的兵力。如果创新的目标不统一、明确，那么，创新活动就会失去方向，盲目乱干；如果没有相互协调的行动，那么，创新人员就会是一盘散沙，容易造成各自为政、相互封锁的局面；如果没有优势兵力的集中，那么，创新力量就会分散，则不仅会延缓时间，痛失良机，甚至会导致失败。

但是，创新本身是不可预料的，其具有偶然性和机遇性。另外，多数创新者往往是"骑在丰富想象力上获得冒险成功的人"，他们酷爱做自己幻想的事。因此，创新的组织不能死板，要具有灵活性，要放松对员工的控制，使计划具有弹性。例如，允许创新者自己确定题目；允许创新者自己选择合作伙伴等，这样不但有利于充分调动创新者的积极性，而且有利于及时捕获创新机会。

（四）奖励创新、允许失败的原则

企业在进行创新时，通常会遇到各种各样的挫折和失败。允许失败是对创新者积极性、创造性的保护和支持。创新者在遇到失败时，应当树立信心，迎难而上，而管理者则不应对其冷眼相看、横加指责。对于失败，创新的组织管理者应当宽容，要热情主动地帮助创新者总结和吸取教训，对创新者进行鼓励，继续进行大胆探索和试验，直到取得成功。

创新的创造性、风险性、效益性，决定了企业应对创新者的劳动及其成果进行公正评价和合理奖励。企业应对所有的创新建议实施正向的激励政策，如果创新成果确有重大价值并得以采用的，则要在物质上给予重奖，在职称、职务上予以破格晋升，使奖励与创新的风险和贡献相一致。

同时，创新者的创新动机有一种对个人成就感的追求和自我实现的满足，创新的精神奖励不仅是必要的，甚至是更为重要的。因此，既要对创新成果进行精神的、物质的奖励，也要在创新的全过程中给予创新者更多的理解、尊重和支持，给予创新者放手施展抱负和才能的条件和权利。

第三章

我国旅游管理体制及其创新研究

旅游业的发展在提高经济水平、充分保护和合理利用资源、保护环境、促进就业、协调地区发展、缩小贫富差距、繁荣文化，促进各地区、国家、民族的交流，维护世界和平等方面发挥着巨大作用。与此同时，旅游管理是旅游业可持续发展的重要保障，建立健全旅游管理体制的工作就提上日程。本章主要阐述了我国旅游管理体制的现有模式及弊端，旅游管理体制创新的必要性、理论基础，以及创新我国旅游管理体制新模式的途径等内容。

第一节　我国旅游管理体制的现有模式及其弊端

一、我国旅游管理体制的现有模式

（一）国家旅游局的统一管理

国家旅游局（National Tourism Administration，NTA），隶属于国务院，统一管理全国的旅游工作。国家旅游局的职能主要体现在以下几个方面[①]：

（1）统筹协调旅游业发展，制定发展政策、规划和标准，起草相关法律法规草案和规章并监督实施，指导地方旅游工作。

（2）制定国内旅游、入境旅游和出境旅游的市场开发战略并组织实施，组织国家旅游整体形象的对外宣传和重大推广活动。

（3）组织旅游资源的普查、规划、开发和相关保护工作。

（4）承担规范旅游市场秩序、监督管理服务质量、维护旅游消费者和经营者合法权益的责任。

（5）推动旅游国际交流与合作，承担与国际旅游组织合作的相关事务。

（6）会同有关部门制定赴港澳台旅游政策并组织实施，指导对港澳台旅游市场推广工作。

（7）制定并组织实施旅游人才规划，指导旅游培训工作。

（8）承办国务院交办的其他事项。

国家旅游局的内部机构是发挥职能的重要载体。国家旅游局的内部机构主要包括办公室、综合协调司、政策法规司、旅游促进与国际合作司、规划财务司、全国红色旅游工作协调小组办公室、监督管理司、港澳台旅游事务司、人事司、机关党委、离退休干部办公室；直属单位有机关服务中心、信息中心、旅游质量监督管理所、中国旅游报社、中国旅游出版

[①]　中华人民共和国国家旅游局网站，http：//www.cnta.gov.cn。

社、中国旅游研究院，全国各省份都有其分支，主管社团分别是中国旅游协会、中国旅行社协会、中国旅游景区协会等。

（二）地方各级旅游管理机构的分级管理

当前，我国地方各级旅游管理机构的分级管理主要是通过两种模式：北京模式和委员会模式。前者在我国使用的范围比较广泛，政企分开是其核心的管理理念，旅游局的直属企业摆脱固有的管理模式，参与市场竞争，旅游产业的发展实现规模化、集群化；后者使用的范围比较小，旅游局及与旅游相关的部门对旅游业进行直接管理，限制旅游产业的发展规模。

（三）国家旅游局与地方各级旅游管理机构的关系

我国旅游管理体制实行四级管理模式，即国家、省、市、县，与我国行政管理体制是一致的，管理的突出特点是政令统一。各级的职权范围是有差异的，国家旅游局的职能是各级旅游管理机构职能的依据。国家旅游局制定旅游产业的发展政策和行业标准，各级旅游管理机构负责实施，可以在不违背原则的前提下，依据本地的实际情况，灵活管理。我国国家旅游管理部门与地方各级旅游管理机构之间的关系如图 3 - 1 所示，各级旅游组织主要职能及相互关系如图 3 - 2 所示。

二、我国现有旅游管理体制的弊端

由于社会的进步、经济的发展，人们生活水平的提高，为旅游业的发展提供了契机。有序地管理为旅游业的发展提供了保障，我国的国情是旅游管理体制形成、完善的重要依据，但旅游管理体制内部存在一些问题，亟待解决，妨碍了旅游管理部门职能的发挥，主要表现为以下几个方面内容。

（一）管理主体单一，部门职权有限

当前我国旅游管理体制的现状是旅游管理主体单一，旅游管理部门的职权受限，不能完全发挥旅游管理的职能，缺少旅游管理对象的参与。在特定的历史时期，这种模式带动了旅游业的发展，适应社会发展的需求，然而，随着我国对外开放程度的提高、经济全球化的趋势愈演愈烈，这种

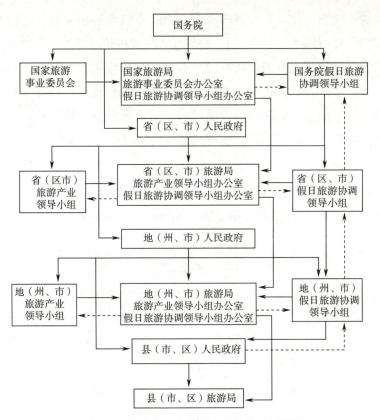

图 3-1 我国各级旅游管理机构关系示意图

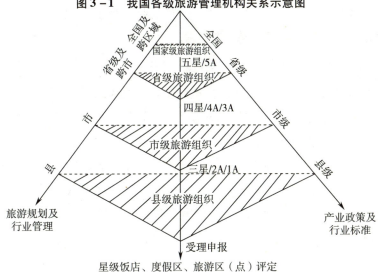

图 3-2 我国各级旅游组织主要职能及相互关系

发展模式不能满足旅游业发展的需求，旅游业健康有序发展的进程受到限制。部门职权有限主要体现在国家级的旅游管理机构职权范围比较广泛，赋予地方各级管理机构的职能有限，不能依据本地的实际情况出台相应的政策，制定法规，以促进旅游业的发展，即使出台政策，执行过程中也是困难重重，不能满足旅游业的发展需求。国家级的旅游管理机构应适当放权，扩大地方各级管理机构的职权范围，为旅游业的长远发展奠定基础。

（二）宏观管理缺位，微观管理越位

我国的国土面积幅员辽阔，所处的地理位置比较特殊，而且旅游资源极为丰富，主要分为人文资源和自然资源，这些资源分属不同的管理部门，需要进行统一管理。但是在实际的操作过程中，管理政策、产业布局、产业规模、产业结构是由不同的部门分别负责的，各部门的职权，相互关系尚未明确，旅游管理部门与旅游企业之间的关系尚未处理妥当，以致形成宏观管理缺位、微观管理越位的现象。各级旅游管理机构缺乏宏观调控的经验、手段，以致行政约束力、行业管理水平有限，出现管理盲点，限制旅游业的发展①。旅游管理部门对自己的定位不明确，旅游企业缺乏竞争意识，难以在市场经济中立足，因此，旅游管理部门既是参与者，又是裁判员，影响市场的公平竞争，市场作用的发挥受到限制。旅游产业受到各级旅游管理机构的限制，旅游企业的竞争意识较弱，适应市场的能力较低，缺乏社会责任感。

（三）旅游管理方式单向，缺乏有效的市场监督

旅游管理方式单向指的是国家级的旅游管理部门的政策是通过行政命令的方式下达给地方各级旅游管理机构，相互之间缺乏有效的沟通与交流。执行政令的效率比较高、宣传力度较大是该方式的优势，缺点是地方各级旅游管理机构的反馈意见难以上传，国家级的旅游管理机构对政令的执行状况不明确。这种方式带来的不利影响是新的旅游政策的出台受到限制，制约旅游产业的发展，国家旅游管理机构对地方各级旅游管理机构监督力度减小。加大地方旅游管理机构与旅游企业之间的沟通与交流力度是

---

① 温泉．论我国旅游行业管理中的政府行为与旅游管理体制［J］．黑龙江对外经贸，2008（5）：84．

促进旅游业发展的重要途径。地方旅游管理部门对旅游企业的干预严重制约旅游企业的发展，保持旅游企业健康可持续发展的法宝是积极参与到市场中去，发挥市场的决定性作用，经过市场竞争的洗礼，旅游企业才能够保持生机和活力，促进旅游经济的平稳发展。国家宏观调控与市场机制进行有效结合，为旅游产业的发展提供良好的发展平台。

（四）旅游管理注重结果，忽视问题产生的原因

旅游管理的复杂性是由旅游产业的特点决定的。综合性、依赖性、脆弱性、限制性是旅游产业的典型特点，因此，旅游管理的综合性、复杂程度可见一斑，需遵循系统性原则。当前，我国旅游管理的指导思想比较落后，不符合时代发展潮流，如旅游市场中出现比较棘手的问题，只是针对出现的问题采取相应的措施，解决问题，整顿市场秩序，处罚违规行为，起到一定的震慑作用。虽然问题得到解决，但错过了最佳时机，浪费人力、物力，实际上，可以避免问题的出现。譬如，降价是吸引游客最行之有效的方法，景区的管理经营者通过降价吸引游客，但是方式不当，造成恶性竞争，对旅游市场造成极其严重的影响，出现这种现象的主要原因是旅游管理机构的重视程度不够，以致问题严重之时，开始寻找解决办法。如果在恶性事件的萌芽之际，进行预防、治理，将会带来不一样的效果。我国旅游管理的问题是：不能把握问题的发生机制，难以从根本上解决问题，从而影响旅游产业的发展。

（五）管理目标单一，缺乏绩效评估

在通常情况下，旅游景区的经济效益是对旅游资源进行规划、管理的重要依据。旅游资源开发过程中，对生态环境的破坏，大量人力、物力、财力的消耗，对传统文化的冲击等等，都没有作为旅游管理的重要内容。旅游景区升值时，才会考虑这些因素，如景区申请世界文化遗产或是国家级景区时，景区的生态环境、文化才会被重视，景区周围的居民也会得到妥善安置。这种临时抱佛脚的行为起到一定的作用，但是治标不治本，违背旅游可持续发展的原则。我国旅游管理的目标是获取经济效益，对旅游景区进行绩效评估的指标也围绕经济指标进行的，没有形成完整的评估体系。另外，由于财政的监督力度不够，旅游项目的质量不高，旅游产业结构得不到优化，无法实现旅游经济的可持续发展。

第二节　我国旅游管理体制创新的必要性分析

一、干预旅游管理的必要性

（一）旅游产业的外部性

旅游产业指的是旅游行业以及与旅游相关产业的总和，也可以称为旅游业的产业构成①，与旅游相关产业的特点是具有相对独立性，并与旅游密切相关。旅游产业包括的范围比较广泛，即与旅游行业直接相关的行业、与旅游行业间接相关的产业。依据盈利与否，可以将旅游管理部门分为经济性部门和非经济性部门，如图 3－3 所示。

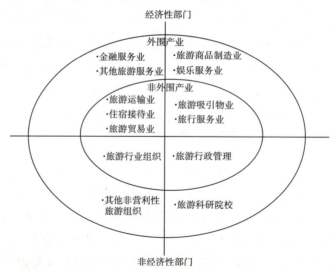

图 3－3　旅游业的产业构成

在《经济学原理》中，新古典经济学学者马歇尔首次提出外部性（Externality）的概念。外部性指的是某一经济主体的活动对其他经济主体

---

① 朱四海，郑向敏．旅游业管理制度力量博弈分析［J］．龙岩师专学报，2004（22）：34.

的影响，这种影响却不能通过市场交易或是价格体系反映出来，以致无法实现资源的优化配置，不能选到帕累托最优（Paroto Optimality）。将这种影响命名为外部性的原因是该影响处于市场交易或价格体系之外，在某一经济主体谋取利润最大化的过程中产生，受影响的对象是局外人①。依据外部性的影响效果进行划分，即外部经济和外部不经济。外部经济指的是一些人的生产或是消费影响其他人的利益，而后者却未受到前者补偿的一种现象；外部不经济指的是一些人的生产或消费影响其他人的利益，前者无力赔偿的一种现象②。市场与政府都受外部性影响，外部性既是市场失灵的主要方面，也是政府进行干预的前提条件，社会经济主体外部性的变化受政府干预的影响③。旅游业的外部性特征是伴随着旅游业的发展而出现的，主要分为两种类型。

1. 外部经济性

外部经济性指的是旅游业的发展带来的社会影响，如生态环境的改善、景区知名度的提高、基础设施得到完善、景区附近居民的生活质量得到提高、良好的社会风气逐渐形成、传统的文化习俗得以保存，推动当地的精神文明建设。由此看出，旅游业的发展，受益者不仅是其自身，而是与旅游业相关的所有行业，社会净收益大于个体净收益是外部经济性的典型特征。

2. 外部不经济性

外部不经济性是指旅游业的发展给生态环境带来的不良影响。具体表现是：

（1）旅游业的发展与生态环境之间的关系是密切相关的。开发旅游资源需进行科学的规划，遵循可持续发展的原则，否则将会破坏生态平衡，给旅游资源带来无法估量的损失。

（2）对于已经开发的旅游资源，其生态环境的保护是旅游管理工作的重中之重。如旅游企业的废物排放，游客的不文明行为，都会破坏旅游景区的生态环境。旅游企业与游客的行为不仅破坏景区的生态环境，而且影

---

①　张兰霞，王志文. 外部性理论及其给予我们的几点启示［J］. 辽宁经济，1997（7）：26.

②　沈满洪，何灵巧. 外部性的分类及外部性理论的演化［J］. 浙江大学学报（人文社会科学版），2002（1）：153.

③　朱进. 外部性与政府干预行为［J］. 长江论坛，2003（2）：43.

响景区的精神文明建设，影响传统文化的长远发展。

（3）旅游景区的环境承载力是有限的，不能无限制地接待游客。旅游景区的经营管理者不顾景区的承载力，注重经济效益，将会缩短景区的生命周期，破坏景区的生态环境，还会影响游客的体验效果。

总之，干预旅游业发展的根本原因是旅游业发展的外部不经济性，对旅游企业、游客的行为进行约束，以保护旅游资源。

（二）旅游产品的公共性

旅游产品指的是游客在旅游活动中消费的产品及服务的总和，消费的特点是一次性完成，出售产品的是旅游经营者，游客使用货币购买产品[①]；也指旅游经营者为满足游客的需求开发新产品（物质产品、服务）的总和。构成旅游产品的三要素是核心部分、形式部分和延伸部分。核心部分是指满足游客需求的基本要素，及旅游资源、基本的服务；形式部分是指对旅游以产品进行加工包装，展现在游客面前的内容，即景区的特色、服务质量、形象等；延伸部分指的是旅游经营者为刺激消费，拉动经济增长，在游客购买旅游产品时，给予游客的各种附加利益的综合，如礼品、优惠券等[②]。

综合性、依赖性、脆弱性、限制性等不仅是旅游产业的特点，也是旅游产品的特点，除此之外，公共性也是旅游产品的特点。旅游产品的公共性主要表现为以下几点：

1. 无形性

综合性是旅游产品的突出特征，指的是旅游产品具有无形性及有形性两种特征。旅游资源是固定的，市场上展示给游客的旅游产品是景区的旅游线路，只是客观映像，不是实体的，也可以称为旅游产品的信息形态。旅游景区的经营管理者是通过文字、图片等方式向消费者推销旅游产品的，不会随意改动，凸显旅游产品的公共性。

2. 社会形态性

旅游资源是开发旅游产品的基础，社会形态性是旅游产品的本质属性。旅游产品是国家公有的，不归个人所有，开发旅游资源的首要前提是

---

① 李伟. 旅游学通论［M］. 天津：南开大学出版社，2006：57.
② 董观志. 旅游学概论［M］. 沈阳：东北财经大学出版社，2007：104－107.

获得国家授权，旅游资源的开发经营者只是代行国家的部分职权，发挥资源的最大效益，满足自身需求的同时，创造社会效益。所以，重视旅游产品的公共性问题是由旅游产品的社会形态属性决定的。

3. 跨地域性

跨地域性是旅游资源的显著性特点，因为旅游资源不受行政区域的限制，跨省市是很常见的事情。旅游资源的开发就需要相互之间进行协商、交流，共同开发，为旅游业的发展开辟道路，形成规模，加快旅游市场一体化的进程，促进旅游经济的发展，传承景区的文化。

4. 共享性

为促进旅游景区的发展，景区经营者采取相关的措施，如完善基础设施、发展交通、改善生态环境、宣传景区的形象等。其实，这些设施都是公有财产，是公共的产品，旅游业及游客都可以从中获益，我们可以理解为旅游产品的共享性。旅游资源、旅游产品的公共性通过旅游产品的共享性体现出来，需要依据一定的原则进行管理、监督确保旅游产品的公共性。

（三）旅游市场的信息不对称性

旅游市场是旅游经营者与游客之间进行商品交换的场所，此处商品指的是旅游经营者开发旅游产品或是旅游服务。旅游市场的信息不对称性表现为两个方面的内容：旅游资源的所有者和经营者之间的信息不对称性，不同的旅游企业之间及旅游企业和游客之间的信息不对称性。

1. 旅游资源的所有者和经营者之间的信息不对称性

因为旅游资源是属于国家资产，旅游资源的经营者只是被授权管理资源。旅游资源的所有者与经营者之间的信息不对称性指的是所有者与经营者之间由于利益的关系发生冲突，所有者为保障旅游资源的可持续利用，限制经营者过度使用旅游资源，缩短旅游资源的生命周期，而经营者的目的是最大限度地获得经济效益，经营者的行为既损害自身的利益，又缩短资源的使用寿命。

2. 旅游企业之间及旅游企业和游客之间的信息不对称性

旅游市场上出现不正当竞争现象的原因是不同的旅游企业之间及旅游企业与游客之间的信息不对称性。游客了解景区的媒介是书籍、媒体、网络等，与旅游企业相比，游客对景区的了解十分有限；游客也不可能对景区进行实地考察，因为成本太高。通常个别旅游企业为吸引游客，提供虚假信息甚至是降价，以至于游客无法辨别真伪，衡量旅游产品的价值，而提供优质产品的旅游企业就会受到影响，难以在市场竞争中生存，以致随波逐流，形成恶性循环，破坏公平竞争机制，打乱市场竞争秩序。

总之，旅游市场的信息不对称性现象的存在是由于旅游资源的所有者、旅游企业（旅游资源的经营者）、游客之间的关系处理不当，需要平衡相互之间的利益关系。旅游资源的所有者应始终坚持资源的可持续利用原则，并监督旅游企业的行为，资源的所有者也是市场的裁判员，要发挥维护市场秩序的职能，保障游客的合法权益不受损害；旅游企业在追求经济效益的同时，注重对旅游资源的保护，科学合理地开发资源，秉持诚信原则，为游客提供物美价廉的旅游产品及服务；游客自觉遵守市场秩序，不贪图小便宜，给不法商家可乘之机。

二、我国旅游管理体制创新的现实要求

（一）旅游产业发展的迫切需求

当前，我国旅游业的发展势头十分强劲。尤其是取消五一黄金周，实施国庆小长假以来，人们对旅游更加热衷，带动旅游经济的发展，旅游业在产业结构中所占的比例逐渐增大。依据我国的国情，国家制订的全国旅游发展规划是以 2000 年为基数，到 2020 年翻三番。世界旅游及旅行理事会也对旅游业的发展前景进行评估，结果是无论在世界还是在中国，旅游及旅游业的潜力都是无穷的，并表示，在未来 10 年，中国旅游业的发展前景十分乐观，对 GDP 的贡献十分可观，拉动经济增长，增加就业，其中出境旅游成为旅游经济的新增长点。关于经济的发展，国家统计局也通过相关的数据进行分析、评估，中国经济将迈入新的快速增长期，经济增长的支撑力量发生转变，旅游成为拉动经济增长的重要途径。中国旅游业发展取得的突出成就得到世界旅游组织秘书长弗兰贾利的高度赞扬。

我国旅游业总收入与国民经济之间的关系是密不可分的，两者是相辅

相成的，国民经济的增长促进旅游业的发展，从而增加旅游业总收入，旅游业总收入的增加又促进国民经济的增长。两者之间的关系可以通过表格得到直观地反映，如表 3 - 1 所示。

表 3 - 1　　　　　我国旅游业总收入在国民
生产总值中的比重（1998—2007 年，2020 年预计）

年份	国内生产总值 （亿元）	旅游业总收入 （亿元）	比重 （%）
1998	78 345	3 439	4. 39
1999	82 068	4 002	4. 88
2000	89 468	4 519	5. 05
2001	937 315	4 995	5. 13
2002	104 791	5 566	5. 31
2003	116 694	4 882	4. 18
2004	136 515	6 840	5. 01
2005	182 321	7 686	4. 22
2006	209 407	8 935	4. 27
2007	246 619	10 957	4. 44
……	……	……	……
2020	450 000	36 000	8

　　我国的国情、政策、社会环境为旅游业的发展提供了良好的发展契机，国内旅游业呈现出良好的发展势头。各省市极力开发本地的旅游资源，政府加大对旅游业基础设施的投资力度，制定有利于旅游业发展的政策法规；而投资者发现旅游业的发展商机，旅游企业如雨后春笋般出现，注重旅游产品、服务的创新，树立企业形象、品牌意识；随着经济的发展，人们生活水平的提高，旅游逐渐成为一种社会风尚，游客数量增加，我国旅游业得到突飞猛进地发展。随着游客数量的增加，为满足游客的消费需求，旅游市场扩大，旅游产品、服务质量得到提高，旅游产业的规模扩大，旅游产业的结构得到优化，旅游经济得到长足发展。1998—2007年，入境旅游与国内旅游游客数量及旅游收入的增加正好体现上文描述的内容，如表 3 - 2 所示。

表 3 - 2   1998—2007 年旅游产业规模

年份	入境旅游				国内旅游			
	人次数（百万人次）		创汇（亿美元）		人次数（亿人次）		旅游收入（亿元）	
	数值	增幅（%）	数值	增幅（%）	数值	增幅（%）	数值	增幅（%）
1998	63.47	10.2	126.02	4.4	6.94	7.8	2 391.2	13.2
1999	72.79	14.7	140.99	11.9	7.19	3.6	2 831.9	18.4
2000	83.44	14.6	162.24	15.1	7.44	3.4	3 175.5	12.1
2001	89.01	6.7	177.92	9.7	7.84	5.4	3 522.4	10.9
2002	97.90	10.0	203.85	14.6	8.78	12.0	3 878.4	10.1
2003	91.66	- 6.4	174.06	- 14.6	8.70	- 0.9	3 442.3	−11.2
2004	109.03	18.96	257.39	47.87	11.02	26.7	4 710.7	36.9
2005	120.29	10.3	292.96	13.8	12.12	10.0	5 285.9	12.2
2006	124.94	3.9	339.49	15.9	13.49	15.0	6 229.7	17.9
2007	131.87	5.5	419.19	23.5	16.1	15.5	7 770.6	24.7

　　旅游业的发展通过表 3 - 2 直观地展现在读者面前，而其他方面的数据也可以反映旅游业的发展，如星级饭店的经营状况，具体表现为固定资产原值、全民平均客房出租率、营业收入总额、上缴营业税、全员劳动生产率等，如表 3 - 3 所示。

表 3 - 3   2001 年、2007 年星级饭店经营情况比较

项目 \ 年份	2001	2007
固定资产原值（亿元）	2 153.62	4 298.57
全面平均客房出租率（%）	58.45	60.96
营业收入总额（亿元）	763.32	1 647.03
上缴营业税（亿元）	39.66	118.34
全员劳动生产率（万元/人）	7.26	9.87

　　旅行社是旅游活动的重要参与者，活跃于旅游业之中，旅行社的经营状况能够反映旅游业的发展规模，反映旅行社经营状况的指标是国际旅行社总数、国内旅行社总数、全国旅行社资产总额、各类旅行社共实现营业收入、实际缴纳税金等，如表 3 - 4 所示。

表 3 - 4　　　　　　　　　2001 年、2007 年旅行社经营状况比较

项目　　　　　　　　　　　　年份	2001	2007
国际旅行社总数（家）	1 310	1 797
国内旅行社总数（家）	9 222	17 146
全国旅行社资产总额（亿元）	415.47	517
各类旅行社共实现营业收入（亿元）	589.8	1 639.3
实际缴纳税金（亿元）	7.63	10.97

随着旅游业的发展，需要大量的旅游管理人才参与其中，旅游人才的培养备受关注，大量的旅游教育及培训机构涌现，通过 2001 年、2007 年的数据进行对比，反映出旅游业的发展状况，如表 3 - 5 所示。

表 3 - 5　　　　　　2001 年、2007 年旅游教育及培训机构发展状况

项目　　　　　　　　　　　　年份	2001	2007
高等旅游院校及开设旅游系（专业）的普通高等院校（所）	311	770
在校学生（万人）	10.22	39.74
中等职业学校（所）	841	871
在校学生（万人）	24.05	37.64
合计旅游院校总数（所）	1 152	1 641
在校学生（万人）	34.28	77.38
全行业在职人员培训总量（万人）	97.88	320.94

旅游产业的不断发展，旅游市场规模的扩大，产业结构得到优化，涌现出更多的旅游产品、旅游服务，以满足游客的需求；但是，随着游客经验的增加，对旅游产品、服务的质量要求越来越高，传统游览形式逐渐退出旅游市场，新形式的游览方式获得广大游客的青睐，如商务休闲旅游、医疗保健旅游、美食旅游等；游客群体的年龄范围逐渐扩大，专门为老年人设计的旅游方式、青少年的旅游方式等等。游客数量的增加是旅游景区实现经济价值的首要前提，景区经营者应在保障旅游景区生态环境的基础上，创造新的旅游产品、服务，满足游客的需求，提供全新的旅游体验。

(二) 管理体制改革的内在要求

1. 旅游部门地位提高的必然要求

管理体制改革的内在要求是提高旅游管理部门的地位。我国的旅游部门是逐渐建立起来的,起初并不健全,随着时间的推移,旅游管理部门逐渐发展起来,对旅游业的发展进行规划、指导,维护旅游市场的秩序,保障旅游的平稳发展。传统的政企结合的模式不能适应当前旅游业的发展要求,需要政府适当放权,让旅游业参与到市场竞争中去,从而实现旅游经济的可持续发展。旅游部门地位提高的要求需要创新旅游管理机制。

2. 职能转变的内在要求

旅游管理是实现旅游业健康发展的有效保障,管理的主体是旅游管理部门,为适应社会发展要求,旅游管理部门需完善自身的体制,进行体制改革。当前的旅游管理机制存在较大的问题:旅游管理部门对微观经济的干预过度,旅游基础设施尚未完善,旅游管理部门之间的职能转变不到位,旅游管理部门的监督机制不健全;旅游景区的经营者仅注重景区的经济效益,忽视景区的长远发展[1]。解决问题的关键是健全旅游管理部门的机制、优化产业结构,转变旅游管理部门的职能,明确管理部门之间的职责,旅游经营者积极响应国家的政策要求,共同努力建设中国特色的管理体制[2]。旅游管理体制出现问题将会制约旅游经济的发展,建立健全管理体制改革需要管理部门认清当前的发展形势,正确把握自身的位置,转变职能,发挥市场经济的决定性作用,为旅游经济的发展创造良好的环境。

(三) 国际环境变化的现实选择

和平与发展是当今时代的主题,但是局部性的冲突与战争从未间断,维护世界和平仍旧是各国国防建设的首要任务。我国作为联合国的五大常任理事国之一,为维护世界和平所做出的努力是有目共睹的。旅游业发展的前提条件是和平,当前的国际形势是旅游经济发展的良好契机。对中国的旅游经济而言,加入世界贸易组织既是机遇,又是挑战,冲击传统的市场经济秩序,考验旅游管理部门的应变能力。实际上,旅游经济的发展不

---

① 和悦. 加快行政体制改革,促进政府职能转变 [J]. 改革与开放,2008 (4):1.
② 祝福恩. 加快行政体制改革是建设服务型政府的切入点 [J]. 行政论坛,2008 (1):5.

能仅仅依靠市场的调节，旅游管理部门的监督、干预也是必不可少的。旅游管理部门应当加快改革的步伐，转变职能，旅游经营者应抓住当前的发展机会，顺应时代潮流，增加旅游产业在产业结构中的比重。经济危机是由资本主义经济发展过程中出现的周期性生产过剩引起的，具有一定的规律性。对于旅游经济而言，经济危机是机遇和挑战的综合体，旅游管理部门及经营者应及时抓住机会，改革管理体制，以适应时代的发展潮流，实现经济的发展。

（四）落实"科学发展观"的本质要求

我国旅游管理体制创新的目的是落实科学发展观，实现经济的可持续发展。科学发展观的第一任务是发展，核心是以人为本，基本要求是全面协调可持续发展，根本方法是统筹兼顾。具体要求是统筹城乡发展、统筹区域发展、统筹经济社会发展、统筹人与自然和谐发展、统筹国内发展和对外开放。旅游管理体制的创新正体现这一观点，主要表现是：

1. 旅游业的发展体现以人为本的理念

随着经济的发展和人们生活水平的提高，如何进行消费受到关注，由于旅游的特点及优势，受到越来越多消费者的青睐。旅游业发展的根本原因是游客的需求，促进人自由而全面地发展，体现以人为本的理念。

2. 旅游业的发展符合全面可持续发展的基本要求

旅游产业的发展与其他产业之间的发展是相辅相成的，妥善处理与其他产业之间的关系及旅游产业内部的关系，符合全面可持续发展的基本要求，平衡相互之间的关系，维护市场经济的发展秩序，提高资源的利用率，促进人与自然和谐相处。

3. 旅游业的发展运用统筹兼顾的方法

旅游产业获得发展，其受益者不仅是旅游资源的所有者、经营者，游客等，还可以带动其他产业的发展，增加就业，景区附近的居民能够脱贫致富，优化产业结构，城乡协调发展，区域之间的交流与合作增加，统筹兼顾的方法发挥极其重要的作用，符合科学发展观的要求。

总之，建立健全旅游管理体制是非常有必要的，为旅游经济的发展保驾护航，维护游客的合法权益，约束旅游企业的不良行为，监督旅游管理部门职能发挥的情况。

第三节　我国旅游管理体制创新的理论基础

一、可持续发展是我国旅游管理体制创新的现代理念

可持续发展概念是由前挪威首相布伦特兰夫人（GroHarlem Brundtland），在《我们共同的未来》中，首次正式提出。可持续发展的深刻内涵是既满足当代人的需要，又不损害后代人满足其需求能力的发展。在解决人类社会发展的问题上，可持续发展的重要性不言而喻。可持续发展的特征是持续性、和谐型、统一性、合作性等，其重点内容是人类社会、自然社会的协调发展，平衡经济发展与资源开发之间的关系，为子孙后代留下生存、发展的空间，实现公平，维持人与自然的和谐统一①。可持续发展的科学性主要表现是：认可人类为生存、发展开发资源的行为，追求物质与精神的发展是无可厚非的；限制人类过度开发资源的行为，在合理的范围内，开发、利用资源，这也是可持续发展的需求性原则和限制性原则。为践行可持续发展，中国政府也采取相应的措施，如制定相关的法律法规、政策、制度等，提出符合中国国情的可持续发展战略，积极参加有关可持续发展的国际性活动，了解国际动态，坚定可持续发展的原则立场毫不动摇。

可持续发展强调的是一种综合性的发展理论，表现在旅游管理中是环境、经济、社会、文化的协调发展，而不是追求某一方面的发展。可持续发展的核心理念是：满足当代人的发展需求，不能损害子孙后代的利益，因此，当代人应该树立科学的资源观、平等观、全球观等，调动各方的积极性，创新我国的旅游管理体制，实现旅游经济的可持续发展。

二、新公共管理理论是我国旅游管理体制创新的工具形式

新公共管理理论起源于20世纪70年代兴起的新公共管理运动，该运

---

① 高嘉. 旅游可持续发展浅析［J］. 现代商业，2006（8）：101.

动的核心理念是注重发挥市场机制、重视企业管理、研究顾客的需求，以"经济、效率、效能"为目标[①]。新公共管理的内涵是政府功能定位的市场化、政府服务输出的市场化、政府内部改革的放松规制的取向，政府间制度设计的分权化取向。起源于西方国家的新公共管理理论在改善西方国家的管理水平方面发挥着极其重要的作用。关于新公共管理理论，社会各界的观点各不相同，但是他们在三个方面达成一致。

（一）转变政府职能

转变政府职能的首要步骤是放权，减少政府职能的发挥，调整政府与社会、政府与市场之间的关系。

（二）旅游企业自治

政府积极鼓励引导旅游企业自治，旅游企业提高自身的公共管理水平，减小政府的财政负担。

（三）加强旅游管理部门的内部改革

积极完善旅游管理部门的机制，为提高旅游管理部门的工作效率、服务质量，引进相应的竞争机制，使旅游管理部门摆脱窘境，如资金匮乏、管理问题等等[②]。

在旅游管理的过程中，旅游管理部门的职责是管理旅游公共服务及旅游公共产品，仅是进行宏观调控，不直接参与其中；鉴于旅游管理部门的性质及职能，需要引进竞争机制，提高工作效率，对旅游业进行监督；需要转变旅游管理部门的职能，改变传统的管理模式，提高管理水平。

三、新公共服务理论是我国旅游管理体制创新的价值选择

美国亚利桑那州大学的丹哈特夫妇提出新公共服务理论，它是在新公共管理的基础上发源起来的，与传统的管理模式不同，新公共服务理论的核心内涵是公民是主体，管理部门是服务者。新公共服务重视公共服务精神，发挥公共服务的价值，竭力满足公民的需求，加强公共管理部门与公

---

① 毛立红. 行政视阈中的新公共管理［J］. 周口师范学院学报，2007（7）：87.
② 杨刚. 一种看新公共管理发展的逆向思维［J］. 大力学员学报，2007（3）：85.

民之间的沟通、交流。新公共服务理论主要包括以下几个方面的内容①：

（一）转变角色

服务者应是政府管理部门扮演的角色，传统的管理理念不符合社会发展的潮流，需要进行变革。

（二）追求公共利益

实现公共利益是新公共服务理论的关键所在，需要公民、企业、管理部门进行相互协作，既享受利益，又分担责任。

（三）理论指导实践

在理论的指导下，进行实践。制订符合当前发展的政策、计划，然后付诸实践。

（四）分享公共利益

管理部门与公民的关系不是经营者与消费者的关系，而是共享公共资源。

（五）重视责任

管理者的责任是多样化的，关注的重点不仅是市场，还注重相关的法律法规、职业道德标准、公民的利益、社会价值观念等。

（六）重视个人价值

新公共服务管理应当重视的是个人的价值，而不仅仅是生产力。在尊重公民的基础上，管理者应与公民进行沟通、合作，然后发挥领导作用，获得最后的成功。

（七）重视公民权和公共服务

公共事务的管理者与公民应将为社会作贡献作为行事的出发点和落脚点，为实现公共利益提供保障。

总之，部门的管理者应充分发挥其职能，奉行服务理念，积极与公民进行互动，建立健全共同机制，协调管理部门与公民之间的关系，实现利益共享。

新公共服务理论应用于旅游管理中，其具体表现是：旅游管理部门奉

---

① 乔登·弗雷德克里森. 公共行政的精神 ［M］. 北京：中国人民大学出版社，2003：56.

行服务理念，培养管理者的责任感，目标是实现公共利益，以民主的方式制定制度、政策等，鼓励全民参与其中，规范游客的行为，提高游客的素质，促进旅游业的发展，由此，新公共服务理论是我国旅游体制创新的价值选择。

第四节　创新我国旅游管理体制新模式的途径

一、树立旅游管理的新理念

（一）服务主导

国家及地方旅游管理机构应明确自身的职责，强调服务的重要性，转变管理部门的职能，其依据是社会主义市场经济，旅游管理部门的职能存在很大的差异，各自发挥的作用是不同的，职能在管理体制中的地位也是不同的，如主导性作用、辅助性作用。依据旅游管理体制的发展形势，每一发展时期，总会有起主导作用的职能出现，其他的辅助性职能则是与主导性的职能结合，共同发挥作用，然后形成不同的旅游管理模式。在旅游管理体制的各个发展阶段，管理部门职能的数量及作用是不同的。如我国旅游管理部门的职能存在很大的差异，由管制型转向主导型，随着经济的发展、社会的进步，先前的职能已不能满足社会发展的需求，在遵循社会主义市场经济规律的基础上，需要管理部门转变职能，形成以服务型为主导的旅游管理机制，以促进旅游经济的发展，满足游客的需求，实现公共效益，建立健全旅游管理体制。

（二）公民本位

公民本位指的是管理部门的服务对象是公民，而不是为自己谋取利益。我国是人民民主专政的社会主义国家，为人民服务是政府部门开展一切工作的出发点和落脚点，以实现和维护人民的根本利益为工作目标。在旅游管理体制中，管理部门人员的职责是协调旅游企业、旅游团体、游客之间的关系，实现和谐发展的目标，并密切掌握游客的需求及旅游经营者的发展需要，竭力满足他们的共同利益，提高管理部门的工作效率、服务质量等，并为旅游企业与游客搭建桥梁，起到良好的沟通作用。旅游管理部门提供的功能应是符合社会发展需求，满足游客、旅游企业、旅游团体的需求，而不是以满足自身的发展需求为出发点，任何有悖于此发展需求的行为都应被摒弃。解决问题的关键是旅游管理部门出台的政策、制订的发展计划、开发旅游资源等都必须把公共利益放在首位，旅游管理工作的重心都是以此为基础，协调各方的关系，开展新的旅游规划，以服务于民作为工作的指导思想①。

（三）有限政府

有限政府与全能政府是一组相对的概念，进行区分的依据是管理部门自身定位及管理机制的问题。全能政府指的是在旅游管理体制中，管理部门的权力是有限的、缺乏制约机制，并且在发挥职能的过程中，缺乏对服务对象的了解，无法满足公民的真正需要，政府工作人员的工作效率、态度等需要进一步提高，减少工作发生误差的概率。与全能政府不同，有限政府则是承认自身存在问题及缺陷，能力有限，并不能管理好所有的社会事务，需要遵循现行的社会主义市场规则，提高处理事务的效率及应对风险的能力。市场在资源配置中发挥决定性作用，但市场在发挥作用的过程中，难免会出现失灵的现象，需要政府发挥作用，进行宏观调控，减少失灵带来的不良影响，承担挽救市场失灵的责任。而我国旅游市场、经济的现状是政府部门过度干预影响旅游经济的发展，改变现状的途径是转变政府的职能，鼓励社会团体、个人、企业等参与其中，减少政府的财政支出，形成多元化的管理体系，实现全能政府向有限政府转变。

（四）管理透明

管理透明指的是管理部门为公众提供公共服务的形式。在通常情况下，管理部门行使的权力是受到公众的监督的，管理部门进行管理必须依法进行，实现管理的合法性。随着社会的发展，人们的民主意识逐渐增强，关注行政管理是否公开透明，监督管理部门的服务质量、工作效率等。与此同时，旅游管理部门应与社会、公众进行合作、交流，为公众提

① 李蕾. 论"新公共服务理论"与服务型政府建设［J］. 商洛学院学报，2007（3）：127.

供参与决策的机会，明确服务的标准及对象，掌握公共服务的信息。由于旅游业的发展尚未成熟，旅游市场的发展机制存在较大的问题，出现旅游信息不对称现象，从而影响旅游经济的发展，形成恶性循环，具体表现为旅游市场上出现不正当竞争、免团费、虚假广告等不良现象，既损害旅游企业的经济效益，又危害消费者的切身利益。解决问题的关键是旅游管理部门采取相应的措施进行干预，监督旅游企业的行为，维护游客的利益，并为旅游产业的发展提供公平的竞争环境。旅游管理部门出台政策、制订发展规划以及实施的过程需要公开透明，为公民监督管理部门的行为提供平台，从而为管理部门赢得良好的声誉提供契机。

二、健全旅游管理的新机制

（一）建立多元管理主体

健全旅游管理新机制的首要步骤是建立多元管理主体，改变传统的管理模式。新管理模式的主要特点是管理主体发生变化，不再是单一的形式，而是由旅游管理部门、企业、社会、公民等都参与其中的旅游管理模式，制订发展规划的前提是兼顾各方的利益，实现资源的优化配置，避免发生利益冲突。旅游企业、社会团体、公民的共同参与，事关各方的利益，相互之间的沟通、交流越来越频繁，为团结各方的力量提供平台，各方都有权利也有义务为旅游管理体制的创新、旅游产业的发展做出应有的贡献，事关各自的利益，与先前事不关己高高挂起的情形不相同，打破了原有的发展局面。建立多元管理主体在转变政府的职能方面发挥着巨大的作用，并且可以监督旅游管理部门的行为，实现资源的优化配置及社会公平。

1. 旅游管理部门、旅游企业、游客之间的关系

依据旅游业的发展状况，旅游管理部门出台符合旅游企业发展的相关政策，促进旅游企业的发展，为旅游企业的发展提供良好的发展契机，然后，对旅游企业进行有效的监督、管理，改善旅游产业的发展环境，维护旅游企业及游客的利益，维持旅游市场的发展秩序。反过来，旅游管理部门制定政策的执行效果可以从旅游管理企业及游客那里得到反馈，为新政

策的制定提供依据，使政策满足旅游企业及游客的需求。

2. 旅游管理部门与旅游社会团体之间的关系

旅游管理部门可以制定符合旅游产业发展的政策，对旅游团体进行积极引导，发挥旅游团体的作用；旅游团体可以进行自治，促进旅游管理部门职能的发挥，与旅游管理部门一起管理。

3. 旅游社会团体、旅游企业、游客之间的关系

通过发挥旅游社会团体的功能，可以减少旅游市场中的信息不对称现象，为旅游社会团体、旅游企业及游客之间的沟通提供便利，维持市场健康有序地发展，为维护旅游企业及游客的合法权益提供保障。旅游企业及游客可以约束自己的行为、遵守行业规则，对旅游社会团体进行监督，将自己的发展诉求反馈给旅游管理部门，以促进旅游社会团体的发展。

总之，随着社会的进步、经济的发展，原有的管理模式不能适应社会的发展需求，为新的管理模式的发展提供平台，即旅游管理部门、旅游企业、旅游社会团体、游客进行共同参与的管理模式，各方既是受益者也是监督者，促进旅游产业的发展，符合社会发展需求。

（二）实现多重效益目标

旅游产业的发展目标不仅仅是实现经济利益，而且还要有其他的效益目标作为支撑。社会的稳定与发展、人民的生活水平、旅游资源的开发及利用、旅游资源的保护与可持续发展、旅游经济的增长、文化的繁荣等与旅游产业的发展之间有着密切的关系，相互影响、相互促进。传统的以追求高经济指标、高增长率的经济发展模式不能满足当前的发展需求，但是经济发展目标仍旧是衡量旅游业发展的重要指标，不可忽视，旅游产业发展应以关注民生、提供就业机会、满足游客的需要作为社会效益目标，以提高资源的利用率、注重资源的保护、改善生态环境为环境目标，以注重对文化资源的保护，发扬传统文化中的精华部分，发展文化事业，文化发展为目标。旅游管理部门的多重效益目标可以通过经济水平目标、社会效益目标、环境保护目标及文化发展目标展现，如图 3－4 所示。

（三）公众满意评价机制

公众满意的评价机制与传统的评价机制之间的区别是：前者以旅游经济收益的增长、旅游产业规模的扩大等为评价指标，旅游管理部门既是裁

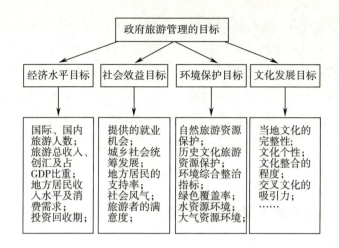

图 3 - 4　政府旅游管理目标体系图

判员也是参与者，难免会出现评价不公平的现象；后者以可持续发展、以人为本为指导理念，以满足公众的需要、推出公众满意的产品为评价指标。两种机制的评价指标存在很大的差异。此处公众的范围比较广泛，既包括旅游企业，也包括游客。公众满意的评价机制主要包括以下几个方面的内容。

1. 公众的需求是否得到满足

公众的需求是否得到满足是衡量旅游管理部门工作质量及效率的重要内容。主要表现为以下两个方面的内容：

（1）游客的需求是否得到满足

游客在游览的过程中，对景区的基础设施，如景区的交通状况、餐饮业的卫生状况等，景区工作人员的服务质量，景区的环境质量是否满意。

（2）旅游企业的需求是否得到满足

旅游企业的需求是否得到满足主要是通过旅游管理部门制定的政策的科学性、符合旅游企业的利益，旅游社会团体的独立性，利用市场机制的水平等进行衡量，这都是旅游管理评价体系的重点内容。

2. 公众的反馈是否得到回应

所谓公众的反馈是否得到回应，指的是旅游企业及游客的诉求是否得到回应。因为旅游管理部门制定政策的执行力度是通过旅游企业及游客反馈的，旅游管理部门及游客有权质疑政策中存在的问题及缺陷，面对这种情况，旅游管理部门是否做到及时、有效地回应，并解决问题，得到公众的好评是评价机制中的重要组成部分，旅游管理部门应给予高度重视。

3. 评价是否科学、透明

评价旅游管理部门政策是否科学、透明的指标是评估规则、评估过程、评估结果等，这些信息需要定时公开，评估方法、评估程序是否科学规范，评估结果能否经得起实践的检验，这是旅游管理部门评价机制的主要依据。

三、完善旅游管理体制的新途径

（一）制定、完善旅游管理法律法规

市场经济的核心内涵是法制经济。在旅游市场经济中，管理市场主体的行为、维持市场秩序、优化配置旅游资源及旅游管理部门对旅游市场的管理等，不单是执行政策的问题，而是需要遵循相关的法律制度，引导旅游企业的发展，制约游客的行为，保障政策的执行等①。

关于制定、完善旅游管理的法律法规，世界上大多数的发达国家都有完备的旅游法律体系。譬如，1979 年，美国通过了《全球旅游政策法》；1967 年，韩国颁布实施了《韩国旅游事业振兴法》；1963 年，日本颁布了《旅游基本法》，目的是加强景区的基础设施建设、改善景区的生态环境，吸引游客，提高本国的国际竞争力，日本又于 1971 年颁布实施《旅游行业法》，实行登记制度、营业保险金制度、经营业务的开展，规定旅游业协会的职能、旅游业的行规，除此之外，日本还颁布了《翻译导游法》《国立公园法》《温泉法》《国际文化旅游城市建设法》《新国际旅游饭店整顿法》《促进外国旅游者访问地区多样化振兴国际旅游法》《标准旅游业约款》等旅游业专门法②。各国制定的法律法规保障旅游业健康有序地发展，在维护市场秩序方面发挥着极为重要的作用，旅游业的可持续发展离不开法律的支撑。

与发达国家相比，我国旅游法诞生的时间比较短暂，并且尚未形成完

---

① 石曙光. 塑造企业型政府 ［A］. 攀登（双月刊），2003（22）：51.
② 符继红. 旅游法概论 ［M］. 北京：科学出版社，2006：17 – 22.

整的立法体系，需要进一步完善。当前存在的法律法规包括：《旅行社条例》《旅行社条例实施细则》《中国优秀旅游城市检查标准》《国家旅游局行政许可实施暂行办法》《导游人员等级考核评定管理办法（试行）》《关于进一步加强旅游生态环境保护工作的通知》《旅游规划设计单位资质等级认定管理办法》《旅游景区质量等级评定管理办法》《旅游突发事件应急预案》《娱乐场所管理条例》《星级饭店访查规范》《国内航空运输承运人赔偿责任限额规定》《大陆居民赴台湾地区旅游管理办法》《中国公民出境旅游突发事件应急预案》等。依据国家级的法律法规，各级地方也制定相关的旅游条例，如《旅行社管理条例》《导游人员管理条例》。然而，这些条例的内容大同小异，没有依据地方的实际情况进行制定，地方的特色及重点内容没有凸显出来。其中较为薄弱的环节是有关旅游景区餐饮业的条例比较少，相对而言，旅游资源管理、旅行社管理、旅游景区景点管理的相关条款比较详细。但是，个别地方仅仅是制定相关的旅游法规，并未贯彻执行，从而影响相关旅游主体的利益，影响市场秩序，旅游经济的发展受到限制。

总而言之，对于旅游法律法规的重要性，旅游管理部门应给予重视，因为进行旅游市场宏观调控、旅游市场监管和提供旅游公共产品和服务时，需要遵循相关的法律法规，依法行使权利、履行义务，鉴于当前的法律法规不完善，应当十分重视立法工作，制定《旅游法》及其相关法律。我国当前的法律体系尚不完备，需要进一步完善，在完善的过程中，旅游管理部门应不断提升自身的法律素养，管理部门的工作人员需要懂法、用法、执法，强化管理队伍的整体素质，保障执法的稳定性、连续性；旅游管理部门的工作人员在决策、实施的过程中，应当保证程序的合法化，实行听证制度，使决策透明化、实施合法化，广泛接受来自社会各方的意见及建议，咨询相关专家、学者，听取他们的意见，不可一意孤行；旅游管理部门行使权力的过程中，需要形成有效的监督体系，制约管理部门的权力，落实责任追究制度，确保公众的主体监督地位；吸取先进的旅游管理经验，结合我国的国情进行实践，维护旅游企业及游客的合法权益，提升旅游管理部门的管理水平。旅游管理企业及游客应依法行使权利并履行义务，如向旅游管理部门表达自己的诉求，提高自己的法律意识，运用法律法规约束自己的行为，维护自身的合法权益，促进旅游业的可持续发展。

所以，旅游法律体系的完善为旅游企业的发展提供了公平竞争的平台，游客的合法权益得到了保障，从而使旅游管理部门能够有法可依、执法必严、违法必究，为我国旅游经济的发展提供良好的环境。

（二）提升我国政府依法进行旅游管理的能力

立法进行旅游管理的主体是旅游管理部门，也就是管理旅游业的政府机关。政府机关的管理能力指的是吸纳国家政府制定并执行积极有效的公共政策，尽最大能力地动员公众、利用资源，为社会公众提供优质公共服务，制定科学合理的社会规范约束公众的行为，形成有效的机制，促进社会进步、发展的能力。政府能力的核心内涵是有效性。在我国当前的旅游管理体制中，政府应当具备以下几种能力：

1. 自我管理、监督的能力

政府自我管理、自我监督的能力是政府开展一切工作所具备的关键素质，否则，工作将无法进行。

2. 制定政策的合理性

在多主体化的管理模式下，政府需要考虑到各方的利益，政策的制定及实施需要遵循相关的法律法规。目标是提高旅游业竞争力和创新力，坚持旅游的经济、社会文化和生态的可持续性，提高行业的劳动生产率，坚持旅游业发展的道德规范，管理规范化、透明化，鼓励公众积极参与，制定限制有效的政策，促进旅游业经济的发展①。

3. 政府下放权力，转变职能

因为新型旅游管理模式的管理主体由原先的单一的政府变为社会、企业、公民共同参与的管理主体，所以政府就必须放权，改变过度干预旅游产业和旅游企业的行为，然而这并不意味着政府在旅游管理中各项职能减弱，与此同时，政府需要加强某些方面职能，特别是宏观管理职能，既可以充分发挥市场的决定性作用又避免市场失灵、政府越位或缺位的有效手段，成为旅游产业发展、政府职能转变的必经之路。

（三）强化旅游管理主体的责任感

在新公共服务理论中，旅游管理部门的职责比较广泛，如政治职责、

① 李伟．旅游学通论［M］．北京：科学出版社，2006：28.

法律职责、民主职责、道德职责等，另外，政府还需要承担专业职责①。当前我国的发展状况及形势，决定我国旅游管理体制中，旅游管理部门担负的职责是多元化的，面临的情况比较复杂，原因是既要重视效率和效益，又要处理各种复杂的事件，如依照法律制度、规范条例行事，处理与其他机构、社团组织的关系，关注大众传媒，兼顾各种行业标准、专业标准、民主标准、公民诉求等。旅游管理的主体不仅是旅游管理部门，而且还包括公民、旅游企业、社会团体等，这些旅游管理的主体在表达其诉求的同时，应具有强烈的社会责任感。如果公民具有强烈的社会责任感，那么他们将会为旅游业的发展作出突出的贡献，因为他们是旅游经济发展的核心要素，他们能够带动旅游经济的发展，维护景区的生态环境等；旅游企业强烈的责任感具体表现是他们将履行自己的职责，在追求经济利益的同时，保护环境、维护游客的权益、维护景区工作人员的利益，旅游市场上的不正当竞争现象、旅游信息的不对称现象出现的概率将会降低，投诉事件将会大幅度下降，景区工作人员的行为得到约束，游客的满意度就会提高，从而稳定旅游市场的秩序，促进旅游环境的和谐；社会团体具有强烈的责任感的价值在于他们将会为旅游业的发展、旅游企业的成功、游客的满意做出积极贡献，因此，旅游经济的发展将会健康、稳定地发展。

（四）培养我国公民的公共理性

公共理性指的是公民的理性及共享平等公民身份的理性，是民主国家的基础。公共的利益是公民的理性目标，也是政治正义观念对社会基本制度结构的要求，是制度服务的目标及目的②。实现新公共服务中的公民权与公共利益的价值，需要两个方面的内容：

1. 树立以公民为中心的价值理念

践行以公民为中心的价值理念的主体是政府，政府的主要目标是建立服务型政府，为公民服务，建立健全相应的公共服务机制，发挥政府的职能，维护公民的权益。

2. 倡导公民的公共理性

---

① 段黎. 浅谈新公共服务理论下的政府责任 [J]. 阿坝师范高等专科学校学报，2006（3）：39.

② [美] 罗尔斯. 政治自由主义 [M]. 南京：译林出版社，2001：225–226.

公民可以使用自身具备的公民权行使自己的权利，发挥自身的价值，实现公共利益，政府工作人员帮助公民通过公民权实现公共利益，作为辅助者，而不是主导者①。因为"只有公民具有高度的公民精神才能实现管理的高效，即高公民精神与高职业主义才能形成公民友爱与相互信任的有效管理的环境"，与以往通往公共利益最佳和最首要的途径，就存在于公共行政人员的本身和他们的理性判断不同。因此，公民的公共理性在新公共服务理论中的地位是至关重要的。

该理论也可以适用于旅游业，因为在旅游业发展的过程中，与旅游相关的人员不应被动地接受服务，应当积极地参与旅游公共事务的管理，监督政策的制定、执行情况。旅游管理部门应提供公众参与事务管理的平台，培养公民的公共理性，提升公众的素养，提高政治能力，才能对参与社会事务、政策制定起到积极作用。错误的、片面的观念将会影响社会秩序的稳定。总之，实现新型的政府旅游管理体制，需要培养具有公共理性的公民，必须确立公民意识、具有公民气质、培育公共精神和倡导公共伦理。

---

① 林修果，陈建平. 新公共服务理论视野下公共哲学的话语指向 [J]. 上海行政学院学报，2005（5）：15.

第四章

旅游景区管理研究

旅游景区是展示、聚集旅游资源的重要载体，发挥着吸引游客的重要价值，为旅游活动提供场地。随着经济的发展，人们生活水平的提高，旅游成为人们生活的重要组成部分，因此，旅游景区的发展、管理受到社会各方的关注。本章主要对旅游景区管理的理论与目标模式、营销与财务管理、游客与门票管理等内容进行了深入分析研究。

第一节　旅游景区管理的理论与目标模式

一、旅游景区管理的理论

（一）可持续发展理论

1. 可持续发展

（1）可持续发展的起源

20 世纪 80 年代，"可持续性"一词在《世界保护战略》中被首次提起，联合国开发署阐释了"可持续"与"发展"的科学内涵，世界保护联盟以此为基础，把两词进行有机结合，形成新的概念。

20 世纪 90 年代初，国际生态学联合会和国际生物科学联合会联合举办了有关可持续发展问题的专题研讨会，对可持续发展的定义进行界定，其核心内涵是生态环境的承载力是可持续发展的前提。在《保护地球——可持续生存战略》中，对可持续发展的定义进行延伸，同时也提出了人类可持续发展价值观，以生态环境的承载水平为前提，改善人类的生活环境，提升人类的生活质量。

（2）可持续发展的科学内涵

随着社会的发展、人类的进步，可持续发展适用的领域不再局限于生态环境，而且适用于经济的发展、资源的利用等领域。经济可持续发展指的是经济的发展不能以破坏生态环境为代价，获得经济效益的同时，保持生态平衡。著名经济学家皮尔斯从经济学的角度，对可持续发展进行定义，即经济的发展不能以损害后代的利益为代价，消耗最少的资源，获得最大的经济效益，对人类社会而言，这是一项巨大的挑战。实现经济可持续发展的途径是提高资源利用率、减少排放、使用清洁能源、发展科技等。

资源可持续利用是可持续发展内涵的重中之重；资源代际公平分配是资源可持续利用的前提条件。实现资源代际公平分配的有效途径：运用经济、法律、行政手段，严格管理资源的使用，并建立相应的惩罚、奖励机制，确定资源最大使用限度，以防止过度使用不可再生资源，危害人类的共同利益，如图 4 – 1 所示。

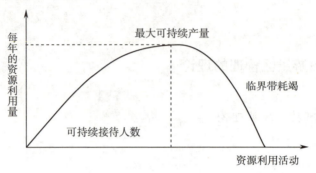

图 4 – 1　资源可持续利用曲线

20 世纪 90 年代初，随着经济的发展，环境问题日益凸显，随之而来的是社会问题，三者相互作用、相互影响。人类需要找出问题的根源，制订解决办法，这就是可持续发展概念提出的契机。可持续发展概念由前挪威首相布伦特兰夫人提出，并得到广泛认可，其科学内涵是不以损害子孙后代的利益为代价，发展经济，满足当代人的需要。

2. 旅游可持续发展

20 世纪 90 年代，旅游可持续发展的目标在温哥华召开的全球可持续发展大会上被首次提出，旅游可持续发展的目标分为经济目标、社会目标、环境目标三种类型。20 世纪 90 年代中期，联合国教科文组织环境规划署和世界旅游组织在西班牙联合召开的可持续发展会议通过了两个重要文件，指明旅游业的可持续发展与自然环境息息相关。生态、经济、社会三位一体，为旅游业的发展创造条件。

公平是可持续发展的重要前提，也是旅游可持续发展的先决条件。可持续旅游是在满足现有旅游者与地方社区居民需求的同时，保护与增强未来的发展机会，这是世界旅游理事会给出的定义①。旅游可持续发展的重要工具：娱乐机会谱（Recreation Opportunity Spectrum）、可接受的变化极

---

① WTTC, WTO, and EC Agenda 21 for the Travel and Tourism Industry: Towards Environmentally Sustainable Development. WTTC, London, 1995.

限（Limit to Acceptable Change）、游客影响管理和旅游最优管理模型，它们也是可持续旅游的四个重要概念①。旅游的目标：资源的完整多样、游客畅爽体验、社区受益、投资商得到合理的回报。

旅游可持续发展实现的途径：旅游承载力、环境影响评估（EIA）、分区（Zoning）、游客管理（Visitor Management）。此处重点阐述分区与游客管理。分区（Zoning），目的是在保护生态环境的同时，并满足游客的需求。分区分为两种类型，即时间分区和空间分区。时间分区指的是旅游景区实行轮休制度。20世纪70年代，景观设计师 Richard Forster 提出同心圆模式，得到世界自然保护联盟的认可，如图4-2所示②。

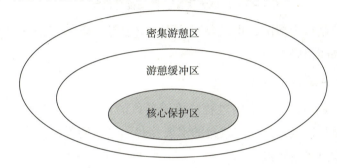

图4-2　Richard Forster 的同心圆式旅游景区功能分区示意图

除此之外，也有其他的模型或是理论，如香港郊野公园③、加拿大国家公园功能分区模型（如图4-3所示）④ 等。

在我国，自然保护区的结构分为核心区、缓冲区和实验区三个区域。在开发中注重生态保护，所以规划了功能分区，如昌黎黄金海岸自然保护区分成开发区、科研区、治理区和监测区⑤。

3. 游客管理（Visitor Management）

游客管理是实现旅游可持续发展的重要途径，游客行为管理更是重中

① Newsome，David，Susan A. Moore and Ross K. Dowling（2002）. Natural Area Tourism—Ecology，Impacts and Management，Channel View Publications.

② 刘家明，杨新军. 生态旅游地可持续旅游发展规划初探［J］. 自然资源学报，1999（1）.

③ 刘善鹏，王福义. 香港的郊野公园及保护区，绿满东亚［M］. 北京：中国环境科学出版社，1994.

④ 许学工等. 加拿大的自然保护区管理［M］. 北京大学出版社，2000.

⑤ 《中华人民共和国自然保护区条例》。

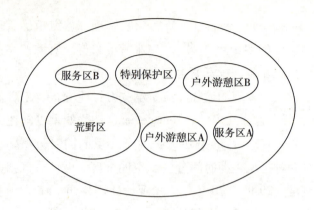

图4-3 加拿大国家公园功能分区示意图

之重，如编制行为指南、积极合理示范、引导等。管理方法有两种，包括直接管理和间接管理①。

（二）旅游体验理论

旅游就是体验与享受的过程。旅游景区的开发与保护需要资金支持，游客的数量是衡量景区经济效益的重要途径。满足游客的需求是旅游体验理论的出发点和落脚点。

1. 体验经济的特征

派恩二世和吉尔摩阐释了经济价值演化的四个阶段，即提取产品、制造商品、提交服务、展示体验，如图4-4所示。随后对体验经济的特征进行描述，明确指出体验经济的核心就是给消费者留下美好的回忆，使消费者感到物有所值，愿意消费，创造经济效益。

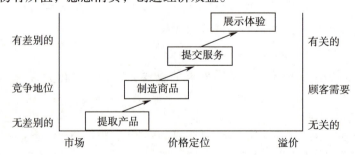

图4-4 经济价值的演化阶段

---

2. 体验的本质与类型

（1）体验的本质

实践是认识周围事物的有效途径，这就是体验的本质。而体验的定义有很多种，如表 4-1 所示。

表 4-1　　　　　　　　　　　国外对体验的界定

来源	定义
《牛津英汉大词典》	体验为"通过个人接触所感受到或学习到的东西"，是一种参与者感受的主观精神状态
阿布拉汉姆（Abraham，1986）	体验是一种主观认知的过程，这种体验可以由个人开发而成，可以定义为一种认知活动、一种试验、一种建构事实的过程
艾伯特（Abbott，1995）	产品是提供消费体验服务的表现，而人们真正想要的并非产品本身，而是一个令人满意的体验
斯密特（Schmitt，1999）	体验是个体对某些刺激回应的个别事件，包含整体的生活本质，通常是由时间的直接观察或是参与所造成，不论时间是真实的、如梦的或是虚拟的。体验如同触动人们心灵的活动，通过消费者亲身经历接触后获得的感动，随着消费者特性的不同，体验也会有所差异，即使是消费者特性极为相似的个体，也难产生完全相同的体验
派恩和吉尔摩（Pine Ⅱ Joseph，James Gilmore，1999）	体验是当一个人达到情绪、智力甚至精神的某一水平时，意识中所产生的美好感觉
卡鲁和科瓦（Caru&Cova，2003）	体验是一种个人生活文化的方式，不仅是一种每日生活的个人感受，同时也是一种持续性的互动，可变成一种故事
乔伊和雪莉（Joy&Sherry，2003）	体验是指对某标的物的领悟及感官或心理所产生的情绪，来自个人亲身参与或经历

旅游的目的就是体验，具体表现为：丰富人生经历、扩大知识面、获得身心愉悦，旅游者体验的过程也是一种学习的过程[①]。旅游者是旅游体验的主体，又是各自独立的个体，具有各自的特点。个性、参与、互动是体验的特点，生产与消费的个性化、参与性、互动性、同步性是体验经济的特点[②]。

（2）体验的类型

①霍尔布鲁克的体验 4Es 观点

霍尔布鲁克体验观点的核心是指体验的四要素，即体验、娱乐、表现

---

① 邹统钎. 中国旅游景区管理模式研究［M］. 北京：南开大学出版社，2006.

② 王兴斌. 体验经济新论与旅游服务创新［J］. 桂林旅游专科学校学报，2003（1）.

欲、传递快乐，体验营销的范围逐步扩展，包括四种构成，十二种类型，如表 4 - 2 所示①。

表 4 - 2　　　　　　　　　　　体验观点所涵盖的 4Es

Experience 体验	Entertainment 娱乐	Exhibitionism 表现欲	Evangelizing 传道
Escapism 逃避现实	Esthetics 美学	Enthuse 热忱	Educate 教育
Emotions 情感	Excitement 兴奋	Express 表达	Evince 证明
Enjoyment 享乐	Ecstasy 入迷	Expose 暴露	Endorse 背书

② 4E 体验

依据参与程度和主动性，派恩和吉尔摩把体验分为四类，分别是娱乐、教育、逃避与审美，由于它们的英文首字母都是 E，简称 4E，如图 4 - 5 所示②。四方面交叉的地带被称为甜蜜地带，是最精彩的体验。这种类型的缺陷在于相互之间的界线难以区分。

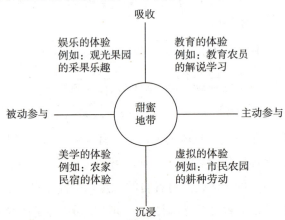

图 4 - 5　派恩和吉尔摩的 4E 体验分类图

①　Holbook Morris B. The Millennial Consumer in the Texts of Oue Times：Experience and Entertainment ［J］. Journal of Macromarketing, Vol. 20, 2000, p. 180.

②　派恩和吉尔摩. 体验经济 ［M］. 北京：机械工业出版社，2002.

③五维度体验

依据形式，对体验进行分类，可以分为五类，即感官体验、情感体验、思考体验、行动体验以及关联体验，也就是五维度体验，是由施密特提出的①。

④5E 体验

依据旅游活动的本质与游客的心理需求，邹统钎提出新的旅游类型，即娱乐、教育、逃避、审美和移情，高峰体验是它们之间的交叉点，由于它们的英文首字母都是 E，简称 5E，如图 4 - 6 所示。

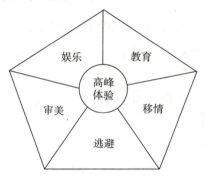

图 4 - 6　现代 5E 体验分类

（三）生命周期

任何事物都是发展变化的，旅游景区也不例外，处于不断变化之中。加拿大地理学家 Butler 系统提出旅游景区生命周期理论，是旅游景区发展的重要理论。

1. Butler 的旅游景区生命周期理论

Butler 的观点是，旅游景区与普通商品一样，有自己的生命周期，需要经过六个阶段，即探索阶段、参与阶段、发展阶段、巩固阶段、停滞阶段、衰落或复苏阶段，如图 4 - 7 所示②。

2. 旅游景区生命周期理论的作用

---

① Schmitt, B. H. Experiential Marketing: How to Get Customers to Sense, Feel, Think, Act, &Relate to Your Company & Brands, The Free Press, 1999.

② Butler, R. W. (1980). "The Concept of a Tourist Area Cycle of Evolution: implications for management of resources", Canadian Gegrapher, Vol. 24, 1980, pp. 5 - 12.

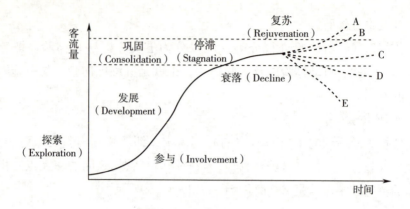

图 4 - 7 旅游地生命周期曲线

旅游景区生命周期理论（Tourist Area Life Cycle，TALC）发挥着极为重要的作用，主要表现在以下三个方面。

（1）通过旅游景区生命周期理论，可以展现旅游景区的发展史，分析景区各阶段的发展状况及其原因，掌握其中的规律可以认为对景区进行干预，如采取相应的措施，延长景区的生命周期。

（2）通过旅游景区生命周期理论，可以评估景区未来的发展状况。当景区处于某一发展阶段时，可以对景区未来的发展方向进行预测，然后，采取相应的措施挽救，或是使用积极的手段促进景区的发展。

（3）旅游景区生命周期理论是决策者进行决策的重要理论依据

旅游景区生命周期的每一个阶段，各项衡量指标都是不断变化的，需要具体问题具体分析，营销策略与管理手段应随之发生变化。如表 4 - 3 所示。

表 4 - 3　　　　　　　　旅游景区生命周期理论的启示

	参与阶段	发展阶段	巩固阶段	衰落阶段
特征				
旅游者人数	少	高速增长	低速增长	负增长
私营部门利润	低	达到最高水平	持平	下降
资金流动	反向流动	中度流动	大量流动	流动减少
旅游者	开拓型/探险型	大众市场（开拓者）	大众市场（跟随者）	保守型
竞争对手	很少	增长	竞争者众多	竞争者减少

	参与阶段	发展阶段	巩固阶段	衰落阶段
策略				
中心战略	拓宽市场	进行市场渗透	保持市场份额	重新定位市场
营销费用	增长	达到最高	下降	保持一定水平
营销重点	树立形象/灌输	建立偏好/通知	建立品牌忠诚	保护品牌忠诚/寻找新市场
分销渠道	独立的	通过旅游部门	通过旅游部门	通过旅游部门
价格	高	逐渐降低	低	最低
产品	初级产品/非标准化	产品升级/标准化	产品多样化	开发新产品
促销	无	人员推销/广告/公共关系	人员推销/广告/公共关系/促销	人员推销/广告/公共关系/促销

3. 旅游景区生命周期理论的修正

（1）旅游生命周期理论存在的主要问题

①不同类型的景区，其生命周期存在差异。以主题公园与自然旅游景区进行分析，主题公园的生命周期比较短暂，这是由其性质决定的；自然旅游景区的生命周期比较漫长，原因是自然景区的发展周期比较漫长。两者之间的差异比较明显，如图4-8所示。

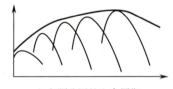 

ａ）主题公园的生命周期　　　　　　　ｂ）旅游度假区的生命周期

图4-8　主题公园与旅游度假区生命周期的比较

②影响旅游景区生命周期的因素有许多，如消费者的需求、经济发展水平、政策法规等，该理论却认为景区是单一产品。

③旅游景区生命周期理论存在很大的局限性，因为生命周期各阶段之间存在很大的差异、各阶段之间的转折点难以确定等。

④旅游景区生命周期理论忽视市场的复杂性，以理想的情形处理市场的影响作用。这种方法是极其不合理的，因为市场处于不断发展变化之中。

（2）Butler 理论的修正

Butler 理论的修正，实质是对该理论进行调整修改，符合现实发展的需要。旅游景区的发展以及其生命周期理论的形成与国家政策及政府态度之间的关系十分密切。旅游景区生命周期受旅游规划的影响，科学、合理的规划能够延长景区的生命周期，甚至使景区永远保持健康的发展状态。旅游景区的每一个发展阶段都有其鲜明的特点，体现景区的发展变迁以及人类对待环境的观念以及态度。

与 Butler 理论明显不同，Smith 在研究度假区的演变模型上具有较高的造诣，进行阶段划分的依据是标志性的建筑，如旅游前期、第二个家、第一个饭店、度假区建成等[①]。

旅游景区生命周期还受旅游市场的影响，如旅游资源控制在少数人手中的时候，投资者为获得利益，采取不当的措施，影响生命周期。旅游景区生命周期还受大型事件的影响，如为 2008 年北京举办奥运会建造的鸟巢，吸引大量的游客，随着时间的推移，游客的注意力逐渐转移，影响景区的生命周期。

二、旅游景区管理的目标模式

由于旅游景区的差异性，在管理的过程中，应当具体问题具体分析，采用不同的管理模式。依据景区的功能，将旅游景区的管理模式划分为科教基地模式、中间模式、快乐剧场模式，把三种管理模式放在一起进行对比，差异十分明显，如表4-4所示。

表4-4　　　　　　　　旅游景区管理的三种模式的比较

管理模式	科教基地模式	中间模式	快乐剧场模式
资源等级	世界级国家级垄断资源	垄断竞争性资源	竞争性资源
典型例证	世界遗产	城市公园	主题公园
主要功能	保护与科教功能	科教休闲功能	旅游休闲功能
利益中心	全民中心	地方中心	游客中心

---

① Smith, Russell A, （1991）, Beach Reso—A model of development evolution, Landscape and Urban Planning. 21：189-210.

管理模式	科教基地模式	中间模式	快乐剧场模式
管理目标	资源保护为主	保护与开发并重	经济开发为主
指导理论	旅游可持续发展理论	融合理论	旅游体验论
管理性质	事业管理为主，企业经营为辅	企业管理政府监督	企业管理
资金运作	拨款＋特许经营＋赞助	经营创收＋补贴	经营创收

（一）科教基地模式

科教基地模式适用的范围是世界级国家级的垄断资源，管理这类景区的指导理论是旅游可持续发展理论，管理的目标是以资源保护为主，主要的资金来源是政府拨款、特许经营、赞助。保护与科教是这类景区的主要功能，可以使全民受益。

（二）中间模式

中间模式使用的范围是垄断竞争性资源，如城市公园，既有科教功能，也有休闲功能，管理的目标是保护与开发并举，对于这类景区进行管理的方式是企业管理、政府监督，主要的资金来源是经营与创收。融合理论是这类景区的主要指导理论。

（三）快乐剧场模式

快乐剧场模式适用的范围是竞争性资源，如主题公园。中间模式的主要功能是旅游休闲，满足游客的需求，以经济开发为主要管理手段，企业对这类景区进行开发管理，经营创收是其主要资金来源，受益群体是游客。旅游体验论是这类景区的指导理论。迪士尼乐园是这类景区的成功范例。

第二节　旅游景区的营销与财务管理

一、旅游景区的营销管理

旅游景区营销管理指的是为满足游客的需求，提供服务及产品，与游客等价交换的一种管理。旅游景区的营销管理是非常复杂的，需要考虑多方面的因素。旅游景区管理的核心内容是吸引游客，刺激消费，获取利润。

（一）旅游景区市场营销理念

辩证唯物主义的认识论认为，实践决定认识，认识对实践具有反作用。实践是旅游景区的市场营销观念的来源，而科学的营销理念对景区的发展具有指导作用，两者相互作用、相互影响，促进景区可持续发展。

1. 树立"社会营销"理念

随着社会的进步、经济的发展，市场营销观念逐渐发展成熟，其中包括五个发展阶段，分别是生产观念、产品观念、推销观念、市场营销观念、社会营销观念。每个阶段有其自身的特点，前三个阶段忽视市场的重要作用，第四个阶段开始关注市场的需求，提供适销对路的产品与服务，第五个发展阶段注重发挥社会的功能，获得良好的声誉，间接推销产品。目前，我国许多旅游企业的营销理念尚未成熟，需要转变以往的营销理念，形成社会营销理念，旅游企业应当树立良好的社会形象，获得社会的认可，为旅游企业的长远发展奠定基础。

2. 树立"品牌营销"理念

品牌是对衡量企业进行综合考量的一个重要指标，是企业的一种无形资源，良好的品牌效应会给企业带来巨大的经济效益。品牌与名牌之间有着本质的区别，品牌的价值远远高于名牌。通过采取相应的措施短时间内可以打造名牌，但是打造品牌的时间是十分漫长的，甚至有些企业自诞生至消亡，都没有自己的品牌。旅游企业也应当采取相应的措施，打造自己的品牌，促进旅游经济的发展，获得经济效益。经过实践检验的品牌，生命力是极其旺盛的，为企业带来持久的经济效益。

3. 树立"体验营销"理念

体验营销理念是旅游经济发展的核心理念。旅游的实质是为了满足游客的娱乐、情感、审美等多方面的要求，体验是旅游的目的。体验营销的理念是从全新的角度，为消费者展示景区的魅力，吸引更多的游客。体验营销理念还注重为不同审美、不同层次的消费者量身制订体验计划，满足消费者的需求，打造终身难忘的体验之旅。

（二）旅游景区营销内容与途径

游客是影响旅游景区发展的重要因素，如何吸引游客成为景区管理者与经营者亟待解决的问题。经过调查研究，总结出解决办法，即开发新产品、改进老产品、强化促销、降低价格，都各有其特点及优势。旅游景区的营销管理是旅游管理的重要组成部分，是考察经营者与管理者能力的重要手段，是促进景区发展的重要手段。

1. 旅游景区市场营销管理的基本原理

游客、景区、景区员工是旅游景区市场营销管理的核心组成部分，景区员工是架起游客与景区联系的桥梁。由于游客购买的商品是无形的，购买之前无法进行尝试与体验，需尽可能地做好宣传工作并竭力提高服务水平，给游客留下美好的回忆，以便推荐给其他的游客。因为游客在景区逗留的过程中，时时刻刻都在消费，所以延长游客的逗留时间也是景区市场营销管理的重要手段。旅游景区的市场营销管理人员应抓住每一次宣传景区的机会。有的旅游景观具有一定的时效性，如洛阳的牡丹花会，牡丹盛开的季节，游客蜂拥而至，旅游产品的价格也会上涨，并不影响游客赏花的热情。不同类型的景区，竞争的程度也不同，但需有自身的特点。

（1）营销组合的"4P"理论与"4C"理论

营销组合中的4P理论与4C理论源于传统的市场营销学。4P指的是产品（products）、价格（price）、促销（promotion）、地点（place）；4C指的是消费者需求（consumers' wants and need）、方便（convenience）、成本（cost）、沟通（communication）。两个理论的侧重点不同，4P理论的出发点是产品，4C理论的出发点是消费者需求。该理论同样适用于旅游景区，为旅游景区营销方案的制订提供了理论依据。

（2）Gilbert的"商品—身份"模型

消费者花更多的钱购买商品，商品所代表的内涵与普通商品截然不同，这是该模型的特点。购买的商品象征着消费者的身份，因此，旅游景区使出浑身解数，展现自己的特色，提升品位，同时提高消费水平，与消费者之间保持密切的关系，创造更大的价值。

（3）Butler的生命周期理论与营销策略

Butler的生命周期理论堪称旅游学理论的典范。该理论提出景区自诞生至消亡都会经历六个阶段，即探索阶段、参与阶段、发展阶段、巩固阶段、停止阶段、衰落与复苏阶段，与旅游景区的营销管理进行结合，分析得出结论，景区的每个发展阶段，都会采取不同的营销手段。

（4）Poon 的可塑性理论

该理论的核心内涵是：不断创新、与时俱进是景区永葆生机与活力的重要途径。但是由于景区自身的限制，难以改变自身的形象，需要创新营销手段，吸引游客，获得经济效益，如表 4-5 所示。

表 4-5　　　　　　　　　旅游景区促销的阶段性策略

阶段 措施	市场进入期	成长期	成熟期	市场饱和期	衰退期
促销目标	唤醒客源	让客源了解	说服客源	说服客源	建立忠诚度 建立新市场
战略重点	扩大影响	渗透	维持	维持	再推介
促销费用	增加	高	高	下降	稳定
产品档次	基础产品	改善	好	退化	糟糕
促销手段	推介	广告	业内促销	业内促销	业内促销
产品价格	高	高	较低	低	低于成本
销售形式	独立	独立	业内销售	业内销售	联合销售

2. 制定旅游景区营销策略

（1）程序

制定旅游景区营销策略需要进行市场调研、数据分析等，不是一蹴而就的，需要一个过程，具体步骤是：分析客源市场、确定市场目标、进行市场定位、制订营销方案。

（2）营销方案

关于旅游宣传，国家旅游局制定了相应的发展战略，促进旅游业的发展，实际上，这同样适用于旅游景区。运用一切可以利用的资源宣传旅游景区，吸引游客。选取营销方案的主要原则是：宣传效果显著、成本合理、注重创新、强调社会公益性。创新是旅游景区营销策略成功与否的关键。

（3）营销措施

①广告促销

广告营销指的是运用电视、互联网、报刊、广告牌、形象大使等媒介宣传旅游景区，以达到营销的目的，实际上，还有许多广告媒介宣传旅游产品。

②公关促销

公关促销的手段多种多样，如邀请名人、奖励输送游客数量多的旅行社、印发宣传册、参与公益性活动、举办活动、发优惠券等，核心任务就是吸引尽可能多的游客前来旅游。

③促销活动（业内促销与公众促销）

促销活动，狭义上指的是举办各种优惠活动，吸引游客，如七夕对情侣免票，重阳节对老人免票等。

④公共信息促销

公共信息促销指的是把社会上得的比较热的信息与景区结合，带动景区的发展，促进旅游消费，拉动经济增长。

⑤特种事件促销

通常情况下，特种事件促销存在一定的偶然性，但是也有可能带来出乎意料的结果，以达到事半功倍的效果。

信息传播、数据分析是旅游景区营销的重要手段，应充分发挥其功能，使游客对旅游景区了解、认识并向往。如游记、课本信息记述、电影或是电视剧的影响、发行带旅游景区图像的邮票、货币等。这些都是旅游景区的营销策略。

二、旅游景区财务管理

旅游景区是旅游业发展的物质载体，是吸引游客的根本原因。景区的发展需要资金支持，资金来源是前期的投资及后期游客的消费，景区的财务管理问题就引起大家的注意。通常情况下，景区财务管理指的是资金的运转问题，如筹集、利用、分配等，都需要进行科学合理的规划。

（一）旅游景区财务管理目标

景区财务管理的核心是清楚资金的来源与流向，是景区管理的重要组成部分。景区财务管理目标是财务管理工作有序进行的保障，为发挥财务管理的各项职能奠定基础。旅游景区财务管理的目标不能违背景区管理的总目标。景区的生存、可持续发展、获得经济效益是景区管理的总目标，实现景区管理总目标的前提是有雄厚的资金，维持景区的正常运转，需制定科学合理的景区管理目标。依据收益的对象不同，景区财务管理的目标分为经营目标与社会目标两种类型。景区财务管理目标不仅要考虑景区的获益状况，还要承担相应的社会责任。影响景区财务管理目标制定的因素是多种多样的，因此，是吸纳景区管理目标需考虑以下几个方面的内容。

1. 旅游景区市场价值最大化

影响旅游景区市场价值的因素有许多，如景区的发展前景、盈利水平、国家政策等，市场机制的调节是景区实现市场价值的重要途径。旅游景区市场价值最大化是景区财务管理的重要目标。旅游景区应发挥自身优势，创造更大的价值，造福于社会，维护投资者、债权人、员工的利益，保障消费者的权益。旅游产品的特性是投资、生产、销售、收益都发生在旅游景区，是一条完整的产业链。景区财务管理的核心任务就是发挥该产业链的作用，获得最大的效益。

2. 人力资本所有者财富最大化

实现人力资本所有者财富最大化的主要途径是景区员工的劳动具有创造性。景区员工在景区中发挥的作用不容小觑，为实现景区的价值作出了重要贡献。随着经济的发展，社会的进步，景区传统的管理分配模式已不符合社会发展的潮流，制约着景区的发展。调动员工的积极性成为管理分配的重要步骤，最有效的途径是使员工参与景区的利益分配，由此，景区的发展不仅与经营者息息相关，与员工之间的关系也十分密切，需要双方相互配合、共同努力，才能实现景区市场价值最大化以及员工财富最大化的目标，保障景区的可持续发展，获得经济效益。

3. 其他各相关集团的利益最大化

景区的发展受到多方面因素的制约，相互之间的关系密切，相互影响，如投资者、债权人、社会公众、政府等的。满足各方的利益需求也是景区财务管理的目标之一。实现这一目标的原因是树立良好的社会形象，促进景区的长远发展，获得经济效益。

总之，实现景区市场价值、发挥景区员工优势、满足其他相关集团利益的根本目的是维持景区的可持续发展、获取最大的效益，但是它们之间存在差异：景区的经营者与员工的利益是一致的，即共同致力于景区的发展，目的是双方共同受益，这是一个无休止的过程，而满足其他利益集团利益的指导原则是成本—利益，是有限度的。

4. 责任社会化

景区不是孤立存在的，也是社会的一部分，在享受权利的同时，应当履行义务，为社会的发展贡献自己的力量。责任社会化指的是在经营管理景区的过程中，需要履行相应的社会义务。景区财务管理的目标是获得经济效益，与应承担的社会责任之间呈正相关，通常情况下两者之间会产生矛盾，原因是承担社会责任的同时，会损害经营者的利益。享受权利与履行义务之间没有明确的界定。总之，景区的经营者应当在赚取财富与履行社会义务之间选取一个平衡点，既可以获得经济收益，又可以在社会上树立良好的社会形象，需要相关政府部分的监督及景区经营者的自觉遵守、履行。

5. 其他因素

景区财务管理目标受多种因素的影响，如市场环境、居民消费水平、国家政策、自然环境的变化等，都会制约着景区财务管理目标。

（二）旅游景区财务管理内容

旅游景区财务管理的内容指的是对资金流向及分配的管理。主要体现在以下几个方面的内容。

1. 资金管理

（1）筹资管理

景区原有的资金与筹集的资金是构成景区的活动资金。景区的资本金、资本积累、发行股票等是景区原有资金的主要构成；筹集资金的方式是借债，依据时间长短进行划分，主要有长期借债和短期借债两种类型。

（2）投资管理

投资管理指的是对投资项目的财务状况及风险进行综合评价。

（3）资产管理

资产管理，顾名思义，就是管理旅游景区的资产。资产可以划分为无形资产、固定资产、流动资产等，管理旅游景区资产的目的是确保资产的质量及质量完整，保障资产周转正常，保持景区健康发展。

2. 成本费用管理

旅游景区的成本费用制约着旅游景区的利润，是景区财务管理的核心环节。成本费用是通过经营过程中的支出反映出来的。评估景区的发展前景、经营者进行决策、景区产品的价格都是以成本费用作为依据。费用成本的高低能够反映景区的经营状况以及经营者的能力。总之，科学、合理、有效地管理费用成本是旅游景区财务管理工作的重中之重，依据景区的实际情况，应当建立健全成本费用管理机制，目的是全面掌握景区的经营活动及支出，确保成本费用的有效利用，降低成本费用，提高景区的经济效益。成本费用的开支标准、开支项目、开支范围都属于成本费用的管理内容。

3. 收入和利润分配管理

旅游景区收入和分配管理可分开进行阐述，景区收入管理指的是管理景区的营业额，运用适宜的方式或方法，管理营业额。利润分配管理指的是管理利润的分配，依据分配原则，进行合理划分，确定归属权。

4. 财务分析

旅游景区财务分析的重点内容是景区的财务和经营状况。对景区财务状况进行分析的立足点是景区的财务发展战略，深入分析景区的资产、财务结构、利润分配情况，对财务进行合理规划；分析旅游景区的经营状况，是从宏观的角度，对景区的财务进行全面分析，能够发现财务管理中的问题，与其他景区进行比较，并以全行业的平均水平进行衡量，发现问题，并解决问题。

第三节　旅游景区的游客与门票管理

一、旅游景区游客管理

"二战"结束后，战后重建工作如火如荼地进行着，经济逐渐复苏，人们也逐渐走出阴影，开始享受生活，喜欢户外活动，公园的游客激增，导致公园的环境急剧恶化。随着时间的推移，游客对环境的破坏加剧，引起政府、学术界的重视，致力于分析问题的原因以及解决问题的办法。

（一）旅游景区游客管理概述

1. 景区游客管理的定义

旅游景区游客管理指的是运用适当的方法与手段，对游客进行管理，约束游客的行为。为实现旅游资源的可持续利用、发展旅游经济、获取经济效益，景区管理者从游客的数量、行为、体验、安全等方面进行考量，对游客进行管理，并增加旅游资源的吸引力，为游客提供满意的服务，使游客获得全新的体验。

游客管理是旅游管理部门进行管理决策的重要依据，能够掌握游客的需求，还可以提高景区管理水平，游客管理的意义重大。游客管理涉及多方面的知识，而且相互之间关系密切，相互影响。

2. 游客管理的必要性

旅游景区采取措施管理游客的目的是为保护景区的可持续发展，并解决景区管理中出现的问题。

（1）约束游客的不良行为，保障景区的良性发展

随着游客人数的增多，景区出现一些不良的现象，如游客乱扔垃圾、乱写乱画、践踏植被、抓捕动物等，对景区造成不良影响。通过限制游客数量，可以保护景区，但是无法满足游客的需求，并影响景区的发展前景，解决问题的关键是协调两者之间的关系，寻找平衡点，以达到双赢的目的。

（2）游客管理为评估游客体验提供依据

随着时间的推移，游客不再满足于传统的旅游形式，渴望新的体验，通过旅游管理，景区经营者能够掌握游客的需求，在制订新的管理条例时，考虑游客的接受程度，进而满足游客的需求。

（3）避免或解决游客及旅游团队之间的矛盾

人与人之间的兴趣、爱好存在差异，差异是造成矛盾的根源。游客也是如此，游客管理的目的就是避免或是解决矛盾。因此，在组织旅游活动的过程中，对不同的游客与不同的旅游团队之间进行合理规划，避免发生摩擦，造成不良后果。

（4）协调与周边的关系

游客管理的必要性还体现在协调与周边的关系，旅游景区的管理不能局限于景区内部，还要妥善处理与周边的关系，如景区的发展会带动周边经济的发展。

3. 游客管理应遵循的原则

（1）系统性原则

游客管理仅仅是旅游景区管理的一个分支，游客管理是由其他的细小分支组成的。游客管理需要处理好与其他子系统的关系，也要处理好其他细小分支之间的关系。

（2）利润最大化原则

利润最大化是景区管理者首要考虑的问题，游客管理是实现利润最大化的重要途径；利润最大化可以描述为在既定利润条件下，实现成本最小化。

（3）针对性原则

游客管理还需要遵循针对性原则，原因在于游客的个体差异，需要具体问题具体分析。针对性原则也适用于旅游景区管理，因为景区之间也存在差异。

（4）公平性原则

公平理念是当代的核心价值观之一，是人类社会可持续发展的重要保障。公平性的核心内涵是人的权利与义务是等价的，具体内容：人在享受权利的同时，应履行相应的义务；人的权利与义务是对等的。游客并不是游客管理的唯一参与者，还有其他的利益团体参与其中，在管理的过程中，需要遵循公平性原则，协调各方的利益，从而实现对游客的有效管理。

（二）旅游景区游客行为分析

对旅游景区游客的行为进行分析是旅游景区管理的一大突破。旅游管理不再局限于旅游经营者的管理、景区附近社区居民的管理，而是注重对游客行为进行管理。游客在景区决策、游览、娱乐、交际等都属于游客行为，游客行为管理在旅游管理中的地位不容小觑。站在旅游管理的角度进行分析，游客行为管理主要表现在决策、游览、交际等行为的管理上。

1. 管理游客的决策行为

游客的决策行为，从狭义上讲，指的是游客根据自身的兴趣、爱好选择旅游景区的一种行为。从广义上讲，游客的决策行为影响着旅游景区、旅游市场、旅游业的长远发展，因此，对游客的决策行为进行干预、管理显得十分必要。依据游客决策行为所带来影响的好坏，分为理性决策和非理性决策。游客作出非理性决策的原因有许多，主要原因是旅游行业中出现大量信息不对称现象。受旅游产品特点的影响，游客难以对旅游景区的信息进行全面把握，以至于作出错误的判断，不仅仅损害游客的利益，而且影响旅游市场的良性发展。所以，对游客决策行为进行管理，采取相关的措施，如加强监管力度，拓宽信息来源渠道，加强品牌管理，丰富信息来源，对游客进行积极引导，提升游客的辨别能力等，提高游客做出理性决策的概率。

2. 管理游客的游览行为

游客的游览行为对旅游景区的影响范围是非常广泛的，如生态环境、经济、文化等。旅游景区遭到破坏的根源是游客的不良行为。游客在游览中表现出不良行为的原因是离开长期居住的生活环境，自动降低自我约束标准，肆意妄为，将长期遵守的社会行为规范抛之脑后。游客的不良行为给景区带来的负面影响，对景区的发展极为不利。因此，需要加强对游客游览行为的管理，保障景区的可持续发展。我国游客的不良游览行为曾在社会上引起轩然大波，甚至有些国家为限制中国公民的入境旅游，采取相关措施，引起中国人的愤慨。其实，不文明的游客行为不仅影响旅游景区，而且会损害游客的利益，影响游览质量与旅游体验等。针对这种社会现象，虽然国家付诸行动，进行管理，但是力度不够，没有达到预想效果，需要加强监管力度，规范游客的行为，提高游客的个人素质，文明出游。

3. 管理游客的交往行为

游客的交往行为能够促进旅游景区的发展，原因是游客作为传播媒介，能够为景区免费宣传。与外界进行沟通交流是游客出游的特点，沟通的内容比较丰富交流的范围比较广泛。游客进行交往的对象包括游客、当地居民、亲友等。根据交往行为带来影响的好坏，进行分类，即：良性的交往行为和不良的交往行为。良性的交往行为不仅促进景区的良性发展，而且增加游客的满意度。对于不良的交往行为，应给予正确引导，游客之间需要友好相处，遵循相关的法律法规，提高旅游质量；尊重当地人的文化信仰、入乡随俗，避免发生冲突；景区经营者及员工为游客提供高质量的服务，游客获得完美的体验，以减少投诉事件的发生，增加游客在亲友之间宣传的概率。

（三）旅游景区游客管理方法

1. 数量管理

数量管理是旅游景区游客管理的重要方法之一。数量管理存在很大的局限性，但是在提高游客的体验质量、保护景区生态环境方面发挥的作用是不可忽视的，这也是此方法仍被使用的重要原因。如厦门鼓浪屿岛限制游客数量，运用数量管理方法，还需要处理相关的后续问题，如景区的经济效益、游客的需求等。解决问题的关键在于建立健全游客管理机制，兼顾景区与游客的利益。

2. 分流对策

分流对策的实质是解决游客数量过多的问题，将游客转移至对人数没有要求以及对环境影响较小的景区。进行游客分流的前提条件是实时掌握景区的客流量，以便做好分流的准备工作，及时解决游客拥挤的问题，保障游客的人身安全。开展游客分流工作的重要手段是科技，如计算机技术。运用计算机技术，掌握客流量，为管理人员采取措施提供依据。

3. 队列管理

队列管理是游客管理工作的重中之重，为游客的人身安全提供保障。因为游客分流对策存在局限性，如成本过高，应用范围受限，所以排队现象时有发生。排队严重影响游客的体验质量，长时间地等待影响人的心情，容易发生摩擦，因此，减少排队时间成为队列管理亟待解决的问题。解决问题的办法可以参照铁路系统目前使用的网上实名订票方式，并在全国建立售票点等，方便游客。

4. 团队管理

团队管理指的是合理规划团队的人数、团队之间的距离、景区接待团队的次数。团队管理的目的是在维持景区可持续发展的前提下，提高游客的体验质量。

5. 投诉管理

随着社会的发展、时代的进步，游客的维权意识逐渐增强，衡量购买的产品是否物美价廉。当期望值与现实产生落差的时候，游客就会选择投诉。积极是管理者处理此类事件的态度，沟通交流是主要的解决方法，妥善地解决问题是根本目的。景区应完善投诉制度、及时处理投诉问题、耐心倾听游客的意见，制订最佳的解决方案。

6. 加强解说系统的建设

解说系统的目的是保障游客的安全、提示游客的行为、保护景区的设施。解说的本质是向游客传递信息。向导式解说和自导式解说是解说系统的两种形式，进行解说的媒介有很多，如导游讲解、旅游指南、标志等。我国旅游景区的解说系统尚不完善，亟待加强，以更好地发挥旅游解说的功能。解说的核心理念是为游客服务，展示旅游管理的特性，景区工作人员既是管理者，又是服务者。

二、旅游景区门票管理

（一）旅游景区门票管理概述

国外学者关于旅游景区门票管理的探讨经历了是否收取费用、收取多少、论证收取费用的合理性、产生计算门票价格的模型、谨慎对待门票管理、关注游客及社区民众对门票高低的态度等六个发展阶段，他们对发展中国家提高自然景区的门票价格持非常支持的态度。与国外相比，国内学者在旅游景区门票价格的研究方面起步较晚。随着时间的推移，学者逐渐加大对景区门票研究的力度。最初，部分学者赞成景区门票价格的提高，但是，景区门票价格的上涨严重影响游客的利益，学者对此持怀疑态度，并进行告诫。

总之，学者从不同的角度对景区门票价格进行分析，各有利弊。目前，对于我国景区门票价格的研究，我国学者研究的着眼点是门票价格上涨的原因及影响、门票价格的制定方法等。

（二）旅游景区门票管理模式的转变

旅游景区门票管理模式的转变目的是适应社会发展潮流，满足游客的需求，保持景区经济与生态的可持续发展。

1. 转变旅游景区门票管理模式的原因

（1）旅游产业的融合发展

随着经济的发展，原有的体制不能满足经济发展的需求，市场化改革、完善经济管理体制势在必行，为旅游产业融合化发展创造了具有包容、开放特点的市场环境。旅游产业的融合发展指的是旅游业与其他产业积极结合，相互促进，共同发展。政府的正确引导、政策的支持为旅游产业的内部融合及与其他产业的融合创造了良好条件。

（2）旅游产业内部要素的关联度

旅游产业的突出特点是包容性与开放性，它是一个综合性产业，包括许多种要素。旅游产业内部要素的关联性分析是通过产业关联理论中的灰色关联度分析方法进行的，如表4-6所示。灰色关联度分析法的标准是：因素的重要性是通过关联度的大小反映出来的，关联度越大，说明因素在产业中发挥的作用越大。

表4-6　　　　　　　　旅游产业内部要素的关联度结果分析表

关联度 ＼ 要素	餐饮	住宿	交通	游览	购物	娱乐
关联系数	0.84	0.73	0.81	0.65	0.71	0.60

由表4-6得出结论：旅游产业与内部各要素之间的关联度很高，影响最大的是餐饮、交通、住宿，发挥着重要作用；购物、娱乐以及游览与旅游产业的关联度有待于进一步提高，但其发展空间比较广阔，需增加在旅游产业结构中所占比例。当前，我国旅游产业发展不平衡，需进行调整，优化产业结构。

（3）旅游产业与其他产业的关联度

旅游产业与相关产业之间的关联度分析是通过产业关联理论中的灰色关联度分析方法进行的，如表4-7所示。

表4-7　　　　　　　　旅游产业与相关产业的关联度结果分析表

关联度 ＼ 产业	农业	工业	建筑业	邮电业
关联系数	0.73	0.55	0.79	0.67

由表4－7得出结论：旅游产业与建筑业、农业、邮电业的关联度较大，这是相对而言，旅游产业与其他产业的关联度还有待于进一步提高；关联系数值0.6是临界点，旅游产业与工业的关联系数为0.55，说明两者的融合度较低，产业发展不平衡。解决方案是促进产业之间融合发展，发展复合型经济。

2. 旅游景区门票管理的产业经济发展模式

旅游景区门票管理的产业经济模式目的是实现旅游产业的价值增值，主要是通过旅游产业内部各要素之间的融合实现的。依据旅游产业内部各要素之间的关系，建立相应的产业链，加快旅游产业的增值速度，如图4－9所知。

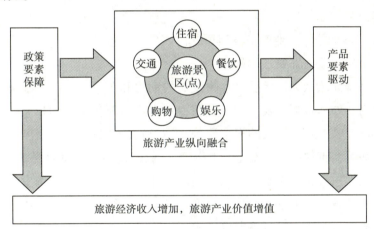

图4－9　旅游产业经济发展模式示意图

（1）旅游产业经济发展模式的特征

①旅游产业链条延伸发展

旅游产业链条反映的是产业内部各要素之间的关联性。旅游资源的规划开发、旅游产品的设计生产、旅游产品的营销推广、旅游产品的消费组成了完整的产业链条，其中最重要的是旅游资源的规划开发。链条的延伸发展指的是丰富和完善产业链中的内容，游客不仅可以游览景区，还能够购物、娱乐等，带动旅游景区的全面发展。

②旅游产业结构优化升级

旅游产业的优化升级反映的是产业结构逐步发展成熟的一个过程，旅游产出总量的增加、旅游产业结构高度化是其主要内容。旅游产业结构高度化的目标是使旅游产业获得经济效益，主要方法是结合行业的特点，运用科技，提高生产效率。不断延伸发展旅游产业链条，并加快旅游产业优化升级的步伐是实现旅游产业经济发展模式的重要途径。

③旅游产品体系丰富完善

随着经济的发展，游客的生活水平提高，传统的旅游产品形式已不能满足人们的需求，为旅游经营管理者开发新产品提供依据，从而，促进旅游产业的发展以及旅游经济的快速增长。旅游景区提供的产品形式逐渐增多，从传统的游览转向集吃、住、娱乐、购物、游览于一体的综合服务模式，满足游客休闲度假的需求，促进景区经济的发展，旅游产品体系得到丰富和完善。

（2）影响旅游产业经济发展模式的因素

①旅游产业内部要素

唯物辩证法认为，矛盾是事物发展的动力和源泉，内因是事物发展的根本原因，外因是事物发展的必要条件。产业内部各要素的相互作用是影响旅游产业经济发展模式的根本原因。通过宣传，景区的知名度提高，游客蜂拥而至，带动餐饮、交通、住宿等行业的发展，为满足游客的需求，需建立购物中心、完善娱乐设施。旅游产业内部各要素的协调发展，将会延伸产业链条，促进景区经济的发展，带动旅游行业的发展，优化产业结构，形成新的旅游产业经济发展模式。

②旅游市场需求

旅游市场的需求是旅游产业发展的外在动因。旅游景区的管理经营者需要实时把握市场的动向，开发满足消费者需求的旅游产品，完善旅游景区的基础设施，刺激游客的消费需求，消费者获得满意的体验，愿意消费，从而增加景区的收入，使旅游产业经济发展模式日趋成熟。

③旅游政策

国家政策的扶持在旅游产业发展过程中发挥着重要的作用。政策的核心内涵是维持旅游业的可持续发展，为旅游业的发展增加新的活力，加快旅游业的转型，促使旅游产业内部各要素的融合，推进产业结构的优化升级，积极发展旅游产业经济，加快经济转型的速度。

（3）旅游产业经济发展模式的增值路径

①产业内部要素增值

实现旅游产业内部要素增值的方法是通过调节门票的价格，带动景区的经济发展。旅游景区内部各要素的发展依赖于游客的数量、消费水平等，因此，通过调整门票价格吸引游客是极其有效的。游客进入景区进行消费将会带动景区产业链的发展，使景区获得经济效益，维持景区的可持续发展。

②旅游产品增值

旅游产品增值指的是旅游景区的管理经营者为发展景的经济，开发新的产品，以获得经济收益。游客的需求是景区经济发展的源动力，为满足游客的需求，景的管理经营者积极致力于设计新的旅游产品，转变传统的思想观念，将旅游景区打造为集休闲度假、游览观光、修身养性等于一体的全新旅游产业经济发展模式，延伸发展旅游产业链条，旅游产品体系得到丰富和完善，目的是提高旅游景区的经济效益，带动旅游产业及其他产业的发展，维持景区的良性发展。

③旅游景区经营管理的增值

随着社会的进步、经济的发展，传统的景区经营管理模式阻碍景区的发展，需结合景区的实际情况，采取相应的措施，建立健全景区的经营管理模式，完善旅游机制，确保景区的良性发展。科学、合理的经营管理体系是旅游产业内部各要素的综合发展的基础，并且能够协调各方的利益关系，提高经济效益。旅游景区的经营管理需要各利益群体的监督，保障旅游景区经营管理工作的科学性。

3. 旅游景区门票管理的复合经济发展模式

（1）旅游复合经济发展模式的概念

旅游景区复合经济发展模式指的是旅游产业与其他产业之间的融合度越来越高，边界逐渐模糊的一种旅游经济发展模式，目的是实现产业增值，如图4-10所示。该模式的优势是将旅游产业的内部要素渗入到其他产业之中，其他产业具有旅游的特点，相互配合，实现共同发展；以旅游产业内部的要素为圆心，从其他产业中寻找向复合的因素，进行结合，开发出符合市场需求的产品，达到增值的目的。

（2）旅游复合经济发展模式的特征

①新型旅游产业不断涌现

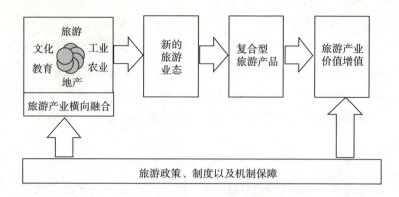

图 4 - 10　旅游复合经济发展模式示意图

新型旅游产业的不断涌现是旅游复合经济发展模式的主要表现形式。新型旅游产业指的是旅游产业与其他产业之间进行横向融合而产生的行业，其中最典型的是旅游地产。新型旅游产业在旅游复合产业中发挥着极为重要的作用。

②新型组织结构不断发展

新型组织结构不断发展的前提条件是新型旅游产业的不断涌现，伴随着新型组织结构的不断发展，旅游产业的集团化也日趋成熟。信息技术也是影响新型组织结构不断发展的重要因素。当前我国旅游经济正处于大众旅游阶段，新的产业组织形式也发展起来。我国的旅游集团化不断发展起来，其中最主要的影响因素是资本，以此为基础，各产业与旅游产业进行融合，形成新型的产业，从而促进新型组织结构的不断发展。

③新型产业功能逐渐显现

新型产业的不断涌现是新型产业功能逐渐显现的前提条件。新型产业的功能是由于旅游产业与其他产业的结合被赋予，如与文化产业、医疗产业、金融业等进行结合，旅游产业环境保护、传播文化、医疗保健及商务会议功能随之显现。随着旅游业的不断发展，旅游产业的功能逐渐多样化、复杂化，目的是满足游客的需求。

④新型产业集群逐步出现

旅游产业集群出现的原因是旅游产业与其他产业进行横向融合，旅游产业的功能范围逐渐扩大，新型的旅游产业涌现，新型的产业结构应运而生。变化较为突出的是旅游产业与文化产业之间的融合，二者的特点是产业界限不明显，融合程度比较高，有助于产业集群的出现。新型产业集群的优势是提高产业的竞争力，促进产业的良性发展。

（3）旅游复合经济发展模式的驱动因素

①旅游产业供给因素

随着经济的发展和人们生活水平的提高，人们愈加注重享受，传统的旅游形式不能满足人们的需求，旅游产业的范围以及功能逐渐扩大。旅游产业与其他产业的融合以及旅游产业内部各要素的纵向融合极大地促进旅游经济的发展，是旅游复合经济发展的重要驱动力量。

②旅游市场需求因素

旅游经济发展的核心推动力量是满足旅游者的需求。游客消费需求的多样化、复杂化对旅游市场的发展发挥着极其重要的作用，新型的旅游产品不断涌现，推动旅游产业的创新，提高旅游服务质量。消费需求的变化，促进旅游产业与其他产业的融合，不断创新，推出新的旅游产品，满足游客的多样化需求。

（4）旅游复合经济发展模式的增值路径

①价值链增值

旅游复合经济发展模式的增值是通过价值链进行的。因为旅游产业与其他产业之间相互影响、相互促进，所以旅游产业的增值则是借助产业之间的相互融合，不断延伸符合产业价值链，实现增值的目的。

②旅游品牌增值

通过扩大旅游产品的品牌效应，也能够促进旅游复合经济的发展。品牌效应的核心是增强景区的核心竞争力，保持旅游经济的可持续发展。品牌是一种无形的资产，是经济发展的象征，能够带动其他产业的发展，促使旅游复合经济发展模式的形成。

4. 旅游景区门票管理的三种经济发展模式比较

旅游经济所处发展阶段不同是旅游景区门票管理的经济发展模式不同的根本原因。旅游经济发展之初，由于资金、发展环境受限，景区的主要收入来源是门票，门票经济应运而生，随着时间的推移，旅游经济获得长足发展，门票经济的发展模式退出历史舞台，旅游产业无论是内部要素的纵向结合，还是与其他产业的横向融合，发展势头十分强劲。新型旅游产品不断涌现，带动产业的发展，形成新的产业结构，新型的产业集群现象出现，从而促进旅游复合经济的发展，如图 4 –11 所示。

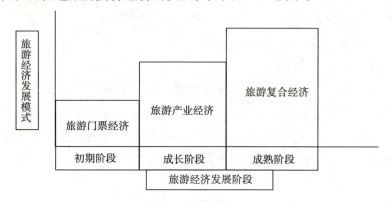

图 4 –11 旅游经济发展阶段与发展模式对应关系示意图

旅游产业内部要素之间的纵向融合，产业的结构不断优化，景区的经济效益得到提高，这是链式的旅游经济增长；旅游产业与其他产业的横向融合，保持旅游景区的可持续发展，与旅游相关的产业得到发展，这是网络式的经济增长，如图 4 –12 所示。

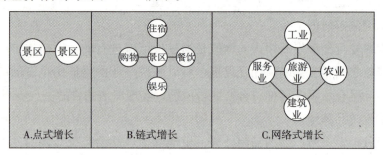

图 4 –12 三种不同的旅游经济增长方式

（三）旅游景区门票管理政策、制度和体制的完善

1. 制定合理的旅游景区门票管理政策以促进门票经济成功转型

（1）积极的财政政策

随着经济的发展、社会的进步，门票经济已不适应时代的发展潮流，需要进行转型，以促进景区的可持续发展，实施合理的管理政策是转型的重要途径。政府机构的管理是门票经济形成的重要原因，影响门票经济的转型。财政政策是国家宏观调控的重要经济手段，在景区资源保护方面发挥着极其重要的作用，主要表现：加大对旅游景区的财政投资力度，安排

专项资金，支持旅游创新性项目的发展，改革财政支持方式，发挥政府对旅游产业的引导作用等，目的是实现旅游门票经济的转型，政府制定的符合旅游业发展的财政政策为此提供了依据。

（2）科学的人才培养政策

21 世纪，人才在各行各业的重要性不言而喻。旅游景区门票经济的转型需要人才的参与，但是人才的培养不是一朝一夕的事情，需制订一整套完整的人才培养机制，加快门票经济的转型。增加培养人才的资金投入，完善人才培养机制，建设多层次旅游培训体系，强化重点人才的培养，重视旅游从业人员的资格认证制度等，目的是培养更多的适应当前旅游发展潮流的人才。

2. 建立完善的旅游景区门票管理制度以促进门票经济成功转型

（1）科学的门票价格管理制度

旅游景区门票经济的转型需要改变传统的以门票收入为主要经济来源的思维方式。门票价格是门票收入的直接反映，相关的政府部门应当依据当地的实际情况制订门票价格，为景区经营管理者制订价格提供依据，景区的经营管理者也可以借鉴国外的现金管理经验，进行灵活管理。旅游景区门票价格的制订需要与当地居民的消费水平、经济发展状况相适应。景区的门票价格应当是公开、透明的，便于公众进行监督。

（2）完备的旅游法律法规制度

旅游景区门票经济的转型需要完备的旅游法律法规制度作为保障。旅游景区的经济转型，需要贯彻落实国家的法律法规，完善相关的条例；确立相应的执法机制，加大执法力度，打击侵害游客利益的违法行为；提高旅游行政部门的办事效率以及服务水平；强化旅游质量监督机制，展现旅游产业的新风貌，促进经济的发展，加快旅游经济的转型，维持旅游产业的可持续发展。

3. 规范旅游景区门票管理体制以加快门票经济成功转型

（1）创新旅游景区管理体制

我国旅游经济的发展现状不容乐观，原因是管理体制老化，不能满足旅游经济发展的需要。需要提升旅游经济的管理水平，以加快门票经济的转型。创新旅游景区管理机制的主要方法是：协调各部门之间关系，形成利益共同体，对旅游景区、旅游经济的发展进行全方位的监管。各部门和各行业之间相互协调、共同发展，建立表彰制度和问责制度，关注旅游产业发展的每个环节。创新旅游景区管理体制的核心是加快门票经济的转型。

（2）创新旅游投融资体制

旅游景区门票经济的转型受到旅游开发资金不足的严重制约。筹集旅游开发资金不能仅依靠财政的拨款，而是丰富资金的来源渠道。门票经济的转型与旅游投资、融资之间的关系十分密切，需要资金为依托，在此基础上进行。建立科学合理的产业机制，转变金融投资方式，引导、鼓励企业投资旅游项目，推动旅游企业的体制创新，扩大融资规模，加大对旅游基础、配套设施的投资。旅游投资金融体制的创新与发展，为旅游景区门票经济的转型提供资金支撑。

第五章

旅游服务管理研究

通过本章的学习，掌握旅游服务的概念、性质，通过了解旅游服务的分类方法加深对旅游服务内涵的理解，熟悉旅游服务系统的构成及各组成要素之间的内在联系。

第一节　旅游服务及其管理概述

一、旅游服务概念的界定

对旅游服务进行管理的重要基础是对旅游服务内涵的认识。旅游服务作为一种服务的特殊形式，不仅具有服务的所有特征及本质属性，而且具有自身专属的特点。在深刻理解服务的概念后，才能对旅游服务有更深的理解，并且应与旅游学结合起来进行研究。

（一）服务的概念

服务作为一种相当复杂的社会现象，其涉及的范围非常广泛，既包括制造业向顾客提供各种隐性服务与支持服务，也包括传统意义上为满足顾客需要而提供的服务。从不同角度对服务的定义进行研究后发现，其概念包含的核心思想包括以下五种。

（1）一系列活动或者过程。

（2）存在互动现象。

（3）不涉及所有权的转移。

（4）无形性。

（5）非实物性。

相较于为服务下一个标准定义，了解其核心属性更具有价值与意义，且能为旅游服务管理的研究奠定坚实的基础。

（二）旅游服务的概念

服务中包含旅游服务。在对服务的概念进行分析后可知，向旅游者提供满足他们在整个旅游过程中各种合理需要的一系列活动称为旅游服务，并且这些活动是在有形资源、服务人员与旅游者之间的互动关系中进行的，最终，旅游者收获了旅游感受与经历。

旅游产品从需求的角度，可认为是一次旅游经历；从供给的角度，则是旅游企业或者目的地为使旅游者的需要得到满足，向旅游者提供各种相关服务与接待条件的总和。由此可不难看出，服务产品中包括旅游产品，而旅游产品的重要组成部分之一为旅游服务。

一些学者（如库伯、吉尔伯特等）认为，构成目的地旅游产品的四要素中，不仅包括旅游资源，还包括当地旅游组织提供的相关服务，当地交通运输设施与服务，以及当地娱乐、餐饮、住宿等设施与服务，且后三项是旅游服务的重要内容。

在定义单项旅游产品时，其构成要素为旅游服务与设施，且两者为并列关系。依据美国学者萧斯达克的观点，在现实生活中，完全有形或者纯粹无形的供应品是相当少的。如图 5 - 1 所示，很多学者以服务管理的角度，对供应品是一种服务还是一种有形产品进行划分的依据是它无形与有形的程度。一般情况下，认为服务活动赖以进行的有形资源包括有形环境、服务设备，它们是作为一种资源要素参与服务生产的。从这一层面进行分析，旅游服务就是旅游产品的表现。

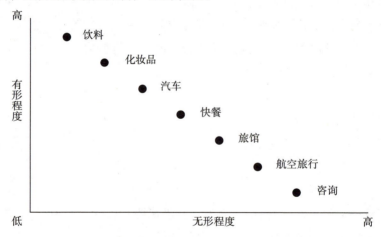

图 5 - 1　有形产品与无形服务的区别

旅游产品具有的综合性特征，决定了旅游服务同样有着非常丰富的内涵，具体表现在以下几个方面：

1. 旅游服务的提供者

无论是营利性企业，还是政府机构或非营利性组织，又或是旅游企业或非旅游企业都可以是旅游服务的提供者。

2. 旅游服务的互动关系

旅游者与服务设备、旅游者、服务设备的相互作用，以及旅游者与目的地社会文化、目的地居民的相互作用，均包含在旅游服务的互动关系中。

3. 旅游服务内容

旅游服务内容不仅包括旅游者在旅游之前的准备阶段、过程中及结束后为他们提供的相关服务，也包括旅游保险、游客投诉处理、旅游信息咨询等方面的服务，除此之外，还包括使旅游者游、购、住、行、食等方面的需要得以满足的服务。旅游者通过消费旅游服务，能够将一次旅游活动完成，并使身心得到满足。

在社会经济发展到一定阶段后，才会出现旅游服务。随着旅游业与旅游需求，以及文化、社会、技术、经济的发展，旅游服务的内容与提供方式同样也在不断地变化发展。其中，信息技术在服务中的作用越来越重要，比如，信息技术深刻地影响着一些传统旅游服务，而旅游服务的管理与营销，以及旅游服务系统的实施与设计都越来越依赖于信息技术。

二、旅游服务的性质

旅游服务除了具有服务的一般属性之外，还具有自身的一些特性。

（一）旅游服务的无形性

旅游服务作为一种人的行为，同样表现出一般服务的无形性特征，也就是它并不是实物，而是一种利益或者活动。无形的旅游服务的消费与生产表现为信息及人的流动，如服务人员趋向顾客、顾客通过信息技术获得远程服务等。加强与潜在旅游者的信息沟通是旅游目的地与旅游企业十分重要的一项工作，其可通过信息的流动将人员的流动带动起来，具体表现在以下两个方面。

第一，将现代信息技术加以充分地利用，从而使顾客进行旅游服务的预定与购买变得更加方便。

第二，使潜在消费者群体能够准确、及时地收到最新的旅游服务信息。

旅游服务的无形性决定了其不能被储存，当然也就无法通过储存产品来应对需求波动；这一特性也决定了旅游者只能由主观的方式来感知服务，这样就使旅游企业管理服务质量时的复杂性与难度增加了；与此同时，这一特性使向顾客沟通与展示产品的难度增加了，并且使消费者在真正消费旅游服务之前，不能够充分地判断旅游服务的质量。

（二）旅游服务生产和消费的不可分性

大部分服务产品是同时进行生产与消费的，是同一个过程不可分离的两个方面。这种不可分性使旅游服务并不能够先于消费而存在，那些已存在的航空公司的飞机、酒店设施等只能表示旅游服务的能力，这就为旅游管理带来了巨大挑战，具体表现如下：

1. 旅游服务不同于有形产品

旅游服务不可能像有形产品一样有一定的质量标准，并且在被消费前能够通过检验保证其质量，因此，需要旅游服务的组织员工有"第一次就做对"，以及在服务过程中遇到各种问题时能够灵活应对的能力。

2. 服务人员与顾客的同时性

由于服务人员与顾客同时进入服务的生产与消费过程，因此，服务产品包括服务人员以及他们与顾客的接触与相互作用，还有不同顾客之间发生的相互作用，这种互动对顾客服务质量感知的影响是很大的。所以在旅游服务管理中一定会涉及"人"，这是一种最为能动的因素，无论是员工，还是顾客管理者都应善于管理，与此同时，旅游服务组织还要管理有形环境，如与顾客接触的设备等。

3. 顾客对服务过程更加重视

相较于其他，顾客更重视服务过程。由于顾客会参与旅游服务的过程，因此，不论是哪一种程序或者方式所进行的服务生产，都会对顾客的服务经历产生直接影响。基于此，旅游服务组织需要关注的重点问题包括对服务过程的管理与设计。

（三）旅游服务的易逝性

旅游服务具有的不可运输、再销售、储存、回收的特点称为易逝性，旅游服务的无形性和生产与消费的不可分性决定了旅游服务的易逝性。

因为旅游服务不能够被储存，所以使旅游服务供需之间的矛盾加深了，与此同时，也使旅游企业应对需要波动的难度加大了。因此，能够预测旅游需求并采取强有力的措施调节供求，以及能够合理设计服务能力，充分利用服务生产能力，成为旅游企业重要和富于挑战性的决策问题。

（四）旅游服务的异质性

由于在旅游服务中存在"人"这一主观可变因素，因此，旅游服务的过程与结果具有不确定特征，即没有两种完全一致的服务，具体表现在以下几个方面。

第一，员工不同，所提供的服务也会不同，这是因为每一位员工为顾客提供服务的意愿与能力不一样，且服务产品的重要组成部分包括服务人员。

第二，在不同场合与时间下，同一个员工也不可能有完全一样的服务，这是因为人的体力、精力、情绪、情感都会影响他的行为。

第三，顾客不同，其服务需求也会不同，导致员工提供的服务也会不同，这是因为不同顾客的价值观念与背景的不同，会对差别不大的员工服务行为产生不同的服务质量评价与服务感知。

除此之外，旅游服务的稳定性还会受到很多因素的影响，比如，旅游旺季中因为等待的游客太多，导致服务人员可能为加快服务速度，人为地降低服务标准。而顾客参与服务生产过程的积极程度也有所不同，具体表现为能否积极地和服务人员进行互动、交流，能够将自己的需要清晰地表达出来，这些都会影响服务产出。

通常来说，在旅游企业经营中一般需要第三方来提供服务。比如，旅行社组织的团体包价旅游，一般都需要一些旅游企业（如酒店、航空公司等）为游客提供相关服务，这样就会使旅游服务的可变性加大，从而更难控制服务的质量。

旅游服务的这一特性导致旅游企业很难保证提供稳定的服务质量，这样易使顾客产生不满情绪并投诉，这是在企业服务质量管理中需要面临的重大问题。

（五）旅游服务的综合性

相较于其他服务行业，旅游服务的综合性特征更为显著。在多个部门与行业的服务支持下，旅游者才能够完成一次旅游活动，无论是哪一个环节的低水平服务都会使旅游者整个旅游经历受到影响。因此，从旅游目的与旅游者的角度出发，旅游服务是一个综合体。具体表现在其涉及众多的行业与部门，比如，旅游业向旅行者提供的服务，包括导游、餐饮、住宿等；其他部门提供的服务包括海关、银行、保险等；间接向旅游者提供服务与产品的部门与行业包括商业、教育、卫生为其提供的支持等。

对旅游企业的经营来讲，旅游服务的综合性为其带来了极大的不确定性与困难。很多旅游者不能获得美好的旅游体验，其实并不是旅游企业有服务质量问题，而是一些旅游企业无法控制的因素造成的。因此，只有在旅游目的地政府的统一管理与协调以及不同类型的旅游企业之间的良好协作下，才能提高旅游者的整体服务感受，进而保证旅游服务的整体质量。

三、旅游服务的分类

对旅游服务进行分类，是深入理解这一综合性概念的基础，同时也能够为旅游目的地与旅游企业的服务管理决策提供依据。但是，因为旅游本身是一个边缘模糊的产业，所以它的范围相当广泛并且难以确定，进而使对旅游服务进行分类的难度变得非常大。

到目前为止，旅游服务还没有一个统一的分类标准，这里以服务管理的角度，并在传统行业分类的基础上，以不同旅游服务行业共订的管理特征为依据，同时，与一般服务的分类方法相结合对旅游服务进行分类，具体如下。

（一）根据 Chase 分类法对旅游服务进行分类

美国学者齐斯（Richard B. Chase）提出的观点是，可以以顾客与服务系统接触的程度为依据，将服务分为高度、中度和低度接触三类。

在高度接触服务中，因为顾客在服务过程中参与度很高，所以顾客的感知在很大程度上决定着服务的质量，基于服务水平、过程的不确定性较大，这样就需要服务人员具有较高的人际交往技能。在低度接触服务中，顾客与服务系统间的互动时间很短或者互动很少，顾客并不会直接影响服务生产过程。而中度接触服务的特点介于两者之间。

总体来讲，旅游服务属于高度接触服务。基于上述对服务的分类，可将旅游服务分为以下三类：

1. 高度接触旅游服务

具体包括旅游教育、娱乐、餐饮、导游、住宿及客运交通等服务。

2. 中度接触旅游服务

具体包括银行外汇、邮政服务、旅游购物等服务。

3. 低度接触旅游服务

主要包括旅游信息服务中心等。

在信息技术飞速发展的今天，传统上需要高度接触的旅游服务，正逐渐转化为中度或者低度接触服务。

同样，依据接触程度可对同一旅游企业的服务系统进行更为具体的划分，并且这种划分方式有着重要的管理意义。对于那些高度接触的服务，旅游组织需要将顾客数据库建立起来，对市场需求有详细的了解，并追求个性化服务，同时也要重视对一线员工人际交往能力的培训，从而提高顾客的服务质量感知。对于低度接触服务，旅游企业可以使用与制造业企业相似的管理方式，即提高生产效率。

（二）根据 Lovelock 分类法对旅游服务进行分类

美国服务管理学者洛夫洛克（Christopher Lovelock）为了避免服务管理者中普遍存在的行业"近视症"，提出了以下几种服务分类方式。

以服务接受者是人是物，以及服务活动的有形与无形的性质这两个维度进行分类，可将服务分为以下四种类型。

（1）作用于人身体的有形行为

即人体处理，在此类服务的整个传递过程中，顾客需要在场以接受服务带来的预期效益。

（2）作用于实物的有形行为

即实物处理，顾客本人并不需要在场，但被处理的物体必须在场。

（3）作用于人的思想的无形行为

即脑刺激处理，顾客的思维或者意识必须在场，而本人只需在任何一个通过广播信号或者电子通信方式能相连的地方就可以，并不需要在场。

（4）作用于无形资产的无形行为

即信息处理，只要开始实施所要求的服务后，可能就不需要顾客的直接参与了。

如表5-1所示，依照服务的分类方式，可将旅游服务分为以下几类。

表5-1　　　　根据服务活动的本质与对象对旅游服务的分类

		旅游服务的接受者	
		人	物
旅游服务 活动的性质	有形的活动	人体处理	实物处理
		航空服务	旅游购物品邮寄服务
		客房服务	物品保管服务
		餐饮服务	景观修整
		健身服务	洗衣服务
	无形的活动	脑刺激处理	信息处理
		导游服务	旅游保险
		旅游信息咨询服务	
		旅游教育服务	银行外汇服务
		音乐会	

（三）根据服务传递方式的不同进行分类

服务传递方式可以从两个方面进行分析，具体为与顾客相互作用的性质（即服务如何传递）和服务传递地点（即服务从哪里传递）。如表5-2所示，以这两个维度为依据，可将旅游服务分为六类。

表5-2　　　　根据服务传递方式对旅游服务的分类

		旅游服务发生的地点	
		单一服务点	多个服务点
顾客与旅游服务 组织互动的性质	顾客趋向服务组织	单体酒店	连锁酒店
		地方性餐厅	连锁快餐店
		戏院	公共交通服务
	服务组织趋向顾客	导游服务	旅游购物品邮寄服务
		出租车服务	
	顾客与服务组织的 远距离沟通	旅行支票	互联网
		信用卡	电话公司

此种分类方式能够促使管理者不断地思考，如服务场所以及服务设备与人员，会对顾客的服务经历有什么影响？顾客在接受服务的过程中，实

际需要花费多少时间？是否是在顾客方便的时间与地点提供服务？等等。

（四）根据服务组织与顾客的关系进行分类

通常情况下，服务的传递都需要服务提供者与顾客进行面对面的人际互动，这样服务组织就有机会与顾客建立长期关系。以服务传递的性质，以及顾客与服务组织之间的关系为依据，对服务进行分类。

根据上述对服务进行分类的方式，可对旅游服务进行如表5－3所示的分类。

表5－3　　　　根据服务组织与顾客的关系对旅游服务的分类

		顾客与旅游服务组织之间的关系	
		会员关系	非正式关系
旅游服务 传递的性质	持续的服务传递	旅游保险	高速公路
		银行外汇服务	广播电视
	间断的交易	酒店订房服务	邮政服务
		景点套票订购	出租车服务

在会员关系中，旅游服务组织与顾客都可获益，具体表现为以下几个方面：

第一，旅游组织可建立顾客数据库，并给他们个性化关注，这样对旅游组织与顾客之间的发展、建立良好且长期的关系有利。

第二，服务与价格方面的优惠，一般是会员顾客能够获得的益处。

基于此，很多旅游企业都在想方设法地将他们的顾客发展为会员。但旅游企业应考虑的问题是，怎样对会员关系进行有效运用，从而达到服务组织与顾客的"双赢"。

（五）根据服务的定制化程度及服务人员的主观判断程度进行分类

如表5－4所示，以为满足顾客需求服务人员需要做出主观判断的程度，以及提供定制化服务的程度这两个方面为依据，可将服务分为四种类型。

表 5 - 4　　　　根据服务的定制化程度与服务人员的
主观判断程度对旅游服务的分类

		顾客定制化程度	
		高	低
为满足顾客的需求 服务人员需要 自主判断的程度	高	法律服务	团队导游服务
	低	酒店服务 高级餐厅 银行服务	快餐服务 公共交通服务

1. 定制化 & 高度判断

此种类型的服务除对定制化有较高要求外，还需要服务人员能够进行相当多的主观判断，从而确定如何为顾客提供服务。在与顾客进行互动时，控制权是由服务人员掌握的，顾客希望能够获得服务提供者的建议，并要求其提供定制化服务。因此，服务人员需要具备良好的专业知识与判断能力。会计、医疗、法律等专业化服务通常都包含在这一范畴内。

2. 定制化 & 低度判断

此种类型的服务一般会给顾客很多种选择，但是服务人员需要进行主观判断的空间很小，只需要依据顾客的要求，以及既定程序提供服务就可以了。

3. 标准化 & 高度判断

在这一服务类型中，服务人员应对服务方式进行灵活判断与决定，并为不同的顾客提供相同的服务。

4. 标准化 & 低度判断

此种服务类型标准化程度很高，顾客只有非常小的选择余地，比如，顾客对速食店的烹饪方式几乎不存在选择的余地。

需要指出的是，目前很多旅游企业都提倡为顾客提供定制化服务，以此获得竞争优势，但定制化并不是成功的必然选择，对于某些服务企业来讲，标准化也可能是实现竞争优势的一种重要方式。

（六）根据服务经历的要素进行分类

如上所述，有形部分或多或少地包含于旅游服务中，比如，座位、服务人员、建筑物等。美国学者托马斯（Thomas）曾经提出服务可分为两种类型，分别是以人工提供服务为主的劳动密集型服务组织，以及以设备提供服务为主的资本密集型服务组织。

如图 5 - 2 所示，为了将不同的服务相较于其他服务所处的位置揭示出来，洛夫洛克（Lovelock）提出一个二维坐标矩阵，依据这一矩阵，可将旅游服务分为四种类型。

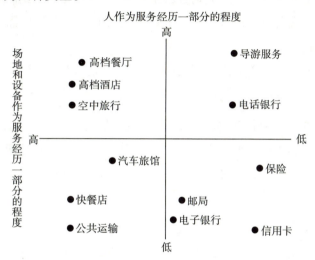

图 5 - 2 根据服务经历的要素对旅游服务的分类

在旅游服务中，那些以人的因素作为主导的服务中，旅游组织应更加重视对服务过程中人际接触的管理；在那些以有形设备、设施作为基础的服务中，更看重的则是对有形因素即生产效率的管理，对于经营效益的提高来讲，标准化往往是一种重要渠道。

四、旅游服务管理的内涵

旅游业作为典型的服务性产业，其产品主要是提供给旅游者满足他们需要的服务。有关旅游业各相关行业与旅游企业的管理实践与研究，随着旅游业的发展变得逐渐丰富。目前很多企业都将服务管理作为重要的管理重心与理念，包括制造业企业与服务性企业。一般情况下，国内外服务管理学学者的主要研究对象为医疗、金融等机构，以及包括航空公司、酒店在内的旅游企业。

从服务管理的角度出发，对旅游企业与旅游目的地提供的旅游服务及其相关的经营过程进行管理的方法与理念即为旅游服务管理。将顾客感知服务质量作为基础，将建立在顾客满意基础上的供应商的长期发展与获利能力作为目标，以及将顾客服务作为导向是旅游服务管理强调的内容。由于旅游目的地提供的旅游服务是各旅游企业和相关机构所提供的旅游服务的综合，因此应着重从微观层面，也就是旅游服务企业的层面探讨旅游管理的相关问题。

旅游服务管理涵盖的内容相当广泛，主要包括以下几个方面。

（一）产品内容

无论是哪一种旅游服务产品，都是核心服务与一系列辅助服务的结合，也是有形因素与无形服务的组合。旅游服务组织要通过辅助服务使差异化竞争优势实现，并通过对整体旅游服务产品进行管理，从而为顾客提供价值。

（二）促销与教育

旅游服务组织需要向消费者提供产品利益等方面的信息，提出建议并劝说其在组织所希望的时间内采取购买行动。除此之外，因为旅游服务的消费与生产都需要顾客的参与，这样就导致顾客的服务体验在很大程度上受到自身参与情况的影响，所以旅游服务组织还需要教育顾客怎样更加有效地参与服务过程。

（三）价格和其他使用成本

旅游者在外出旅游时，一方面需要支付景点门票、酒店房价或者总体线路包价等旅游产品的价格，另一方面还需要支付其他成本，如因认知风险所引起的心理负担、时间、精力等。旅游服务组织需要对旅游服务的价格加以确定，并尽可能降低旅游者的其他非货币成本，来增加其价值。

（四）地点和时间

旅游服务组织需要对服务传递的方式、时间、地点进行确定，并通过管理与设计传递系统，保证顾客在需要的地点、时间快捷方便地获得服务。当前信息技术的发展，提供了更多的选择给旅游组织传递服务，许多旅游企业将传统的服务地点替换成了网络虚拟空间，在这一空间内为顾客提供辅助性服务，比如投诉处理、预定、咨询等。

（五）服务过程

所有服务都包括的一个重要属性就是过程性，当然，旅游服务也不例外。在为顾客提供服务的过程中，会与旅游服务组织的系统、人员、设备之间发生多方位的接触，很多过程因素都会对顾客的服务体验产生影响，比如，服务的持续时间、等候时间、程序、技术等。

（六）生产率和质量

对于那些低价航空运营商及快餐企业而言，高服务生产率通常体现了高质量。但对于采取定制化服务的旅游服务组织而言，质量与生产率往往是矛盾的。如果将生产率提高，就说明减少了在每位顾客身上花费的平均时间，也说明个性化关注变得更少，并且意味着服务质量的降低。因此，旅游服务组织需要在两者之间寻求平衡，一方面要使组织对服务生产率的要求得到满足，另一方面也要使顾客对服务质量的要求得到满足。

（七）人员

旅游服务的参与者（服务人员、顾客等）及其之间的相互作用，都会影响顾客的旅游服务质量与服务体验，因此，旅游服务组织需要有效地管理人员这一最能动、最活跃的因素，通过员工的留任与满意，最终将其长期发展的目标实现。

（八）服务环境

一般情况下，服务环境包括服务设备设施、员工服装，以及文具、票据、菜单等其他有形物，也称为服务的有形证据。在旅游服务中通常会有非常多有形证据存在，这些既是旅游服务生产必需的物质基础，同时也是作为无形服务相关的有形线索，以及整体旅游服务产品的重要组成部分，它们在很大程度上影响着顾客的质量期望与感知。因此，旅游服务组织有必要管理服务环境因素，并充分发挥其信息沟通的作用。

综上所述，不难看出，人力、营销、运营管理对旅游服务组织的成功是非常重要的，同时也是旅游管理的主要方面。协调与整合这三者的实施与规划是进行有效旅游服务管理的重要内容。

五、影响旅游服务管理的因素

旅游管理的效果与实施，除了受到旅游企业自身因素的影响之外，还受到很多其他因素的影响，具体如下。

（一）政府政策

如对旅游服务组织的经营管理产生影响的协议、政策、法规，比如，保护从业人员与环境的新规定等。

（二）社会变化

体验型消费的增加与顾客期望的提高均会影响旅游服务管理，具体表现在以下两个方面。

第一，竞争对手的高质量服务与服务创新均会使顾客的服务期望提升，这样顾客就会希望得到相同甚至更好的服务。

第二，倘若一个行业为顾客提供了某种服务，那么他们就会希望其他行业也能够提供此种服务。

从本质上讲，旅游就是人们离开已经习惯的生活环境去其他地方获取某种不一样体验的一种活动。怎样通过旅游服务管理让旅游者拥有一个美好的旅游过程，进而培养旅游服务企业的核心竞争力以及不让顾客流失，是目前旅游服务管理研究的重要内容。

（三）信息技术

美国《时代》杂志指出："旅游业的黄金时代将从 21 世纪开始。对旅游业发展起推动作用的两方面因素包括，第一，信息数字化、贸易自由化、经济全球化、放松行业管制，第二，对信息高速公路有了更多的运用，旅游者也更加成熟，而旅行也变得更加自由。[①]"

原来的旅游服务交互过程，已经在很大程度上被信息技术在旅游业中的运用给改变了。远程通信设备、互联网、计算机的发展，以及信息预订、付款、传递方式的变革等都将信息技术的发展充分地表现出来。旅游的消费方式正在被越来越普及的旅游电子商务改变。

---

① 王尔康. 信息技术与旅游业［J］. 旅游市场，1998（3）：33－40.

相较于电子商务中的其他行业，旅游业具有的优势是非常大的。电子商务会涉及资金流、信息流与物流的整合与协调问题，但旅游业却不涉及费力、复杂的物流配送问题。人们可以在网上以自己的需要为依据，迅速获得相关信息，并以此作出旅游计划，除此之外，旅游者也可以通过网上支付的方式，完成景点门票、酒店的预定，这样就可以免除传统消费模式中办理各种手续的麻烦。

信息的发展对旅游服务供应商来讲，可以使他们更好地了解顾客的个性化需要，进而在销售、服务设计、决策制定等方面变得更加高效与经济，与此同时，也改变了某些旅游企业传统的运作模式，即旅游服务管理的各个方面都受到了信息技术运用及发展的影响。

（四）全球化

旅游服务管理受到了来自旅游企业全球化经营的挑战。例如，对于具有不同文化背景的顾客或员工，企业需要进行了解、管理，在面对来自不同文化与地区旅游者时，旅游服务组织应根据他们之间的差异，调整所提供的服务品牌、内容、标准及程序等。

（五）业内趋势

旅游业是在发展中逐渐走向成熟的。最近几年，我国旅游业界与政府都在积极地提高产品质量，关注理性消费、构筑行业诚信。从政府方面看，国家与地方旅游主管部门，先后出台了推荐性的合同文本与行业指导。而客源地与目的地合作，政府与行业合作所共同构建的诚信环境，使旅游消费者的权利得到了切实保障。

第二节　旅游服务的质量管理

一、旅游服务质量

旅游服务为使旅游者旅游消费得到满足，需要具备的特性与属性称为旅游服务质量，主要包括精神消费与物质消费两个方面。旅游服务是旅游经营部门为旅游者提供的商品使用价值，其由无形形态与有形形态两部分组成，既是物，也是活动。

一般情况下，都是在旅游直接经营部门为旅游者提供旅游服务的过程中，集中地反映旅游业的服务质量，因此，旅游业的管理水平由旅游服务活动的质量综合反映出来。基于此，旅游服务质量的含义中一方面包括服务设备设施的质量，另一方面也包括服务劳动的质量，也就是服务态度、技巧。

二、旅游服务质量管理

旅游服务质量管理的宗旨是提高服务质量，对现代管理方法与手段加以综合运用，通过建立完善的服务质量体系与标准，是旅游服务质量的管理活动不断地提升。以下是质量管理工作主要包括的几方面内容。

（一）服务质量标准管理

旅游服务质量标准一方面是规定服务质量的依据与准则，另一方面是确定服务质量的奋斗目标，它的管理工作主要包括以下几个方面。

第一，发现服务质量标准管理中存在的问题，并进行纠正。

第二，制定旅游系统各企业、各部门、各环节的具体服务质量标准。

第三，对服务质量标准的客观依据加以明确。

（二）服务质量人员管理

企业职工创造了旅游服务质量的程序、标准及服务操作等。在服务质量管理中，人是最活跃、最积极的因素，同时也是提高服务质量的关键。此种管理工作的基本出发点是调动全体人员，尤其是服务人员的积极性与主动性。因此，应大力加强人员的培训，努力提高人员素质，动员全体职工一同参与服务质量管理，并树立与培养他们强烈的服务意识，开展各种培训、教育工作，比如语言技巧、职业道德、服务操作等，从而使全体员工对服务质量标准与操作方法都能够熟悉与掌握，并依照质量标准的要求为旅游者提供各种服务。

（三）服务质量过程管理

围绕客人从事旅游活动的全过程，以及在不同旅游企业所需的各种服务，自始至终都需要进行质量管理活动。这一过程包括服务准备、迎接客人、告别客人和善后工作等各个环节的服务质量，它是全方位、全员及全过程的。每一个环节的质量管理都应该按照服务质量标准进行，并形成规范化、标准化的服务操作，以保证各项服务提供的使用价值能够达到规定的质量标准。

（四）服务质量保障管理

服务用品、设备设施等的质量是旅游服务质量的基础保障。各旅游企业后勤保障工作的优劣，会对服务质量能否达到规定的标准产生直接影响。只有建立健全后勤保障系统，以及牢固树立后台为前台服务的思想，才能进行服务质量保障管理，同时要将服务用品、实物产品、环境以及设备设施的质量与无形服务质量相结合。在后勤保障服务中，必须要坚持质量标准、服务用品齐全、保证设施完备无损、确保前台服务供应。

（五）旅游服务心理管理

旅游者的满意程度是最终决定旅游服务质量高低的依据，人的心理因素会在很大程度上影响满意度，与此同时，服务人员的服务心理又会对服务质量、操作产生直接影响。因此，一定要做好服务心理学与管理心理学工作，并且要对旅游者的心理变化及需求进行深入研究。在旅游服务质量管理中，应充分运用行为科学、美学知识、心理学、社会学，针对客人的需求与消费心理的变化，坚持服务质量标准，为客人提供定制化服务，从而满足他们的心理与物质需求；同时针对服务人员的心理来调动员工的积极性。

三、旅游服务质量管理的过程

旅游服务质量管理是全过程的管理，大致可分为以下四个阶段。

（一）第一阶段：旅游服务预备管理

旅游服务组织在直接接待旅游者旅游活动之前，各种准备工作的服务质量管理是这一阶段的主要管理任务，具体如下：

第一，旅游服务组织经营之前的各项准备工作的质量管理。

第二，每一服务项目准备工作的质量管理。

（二）第二阶段：旅游服务过程的质量管理

旅游企业直接接待旅游者旅游游览过程中，对各项服务工作的管理是这个阶段的主要管理任务，具体如下：

第一，旅行社地陪与全陪的生活安排、翻译讲解、安全保证以及游览向导服务的管理。

第二，旅游饭店客房、物质供应、餐饮、总服务台等服务的管理。

第三，旅游商店代运、商品供应、包装等服务的管理。

第四，旅游车队、船队的物品运输、客运等服务的管理。

第五，海关、医疗单位涉及旅游者、保险、邮电通信、银行等服务过程的管理。

第六，公路、民航、铁路、水路等社会交通运输部门为旅游者服务过程的管理。

这一阶段是整个旅游服务质量管理过程中的主要环节。一般情况下，都是在提供服务过程的阶段对服务质量目标的实现产生影响。这个阶段要求对五个因素的质量进行控制，具体如下：

1. 各类人员（如管理人员、服务人员等）的素质

包括仪表仪容、服务思想、操作水平、经营思想，其直接涉及服务的态度与技巧。

2. 旅游设施设备的完好程度

设施设备在使用过程中的完好程度是保证服务质量的关键，其直接关系到是否能够使旅游者的需要得到充分满足。

3. 各类物品的质量

包括旅游餐厅的饮料、食物、客房的物料；纪念品、手工艺品等。

4. 各种操作方法的规范化、规格化

也就是各种操作方法均要有统一的质量标准。

5. 环境

包括环境的美化、卫生、清洁等。

（三）第三阶段：对协作单位服务质量的管理

对于那些需要外部提供的物品与设施来讲，需要在没有提供之前与供应单位一同商讨生产，以及提供优质的物品与设施，即将质量管理工作深

入至协作单位，那么，一方面可避免因外部质量管理不善对旅游业服务质量的影响，另一方面，也能避免发生因旅游业内部人员收到服务质量差的经营单位的好处，而置旅游企业信誉与旅游者利益于不顾的情况。

（四）第四阶段：旅游服务后质量管理

这一阶段指的是通过座谈会、留言板、投诉信以及其他各种形式，吸收与听取旅游者的意见，从而及时掌握旅游住宿、导游、餐饮等各项旅游服务的反馈信息，用于对旅游服务质量的适应性进行分析研究，然后总结经验教训，克服薄弱环节，进一步提升服务质量。

第三节　旅游服务的供需管理

旅游属于一项特殊的服务产品，因此，无论是旅游供给或是需求都可分为宏观与微观两个层次。也就是旅游供给不仅包括目的地的整体旅游供给，还包括单个旅游企业的服务供给；而旅游需求一方面有对某个旅游目的地的整体需求，另一方面也有某个旅游企业的服务需求。因为服务管理学进行研究的基本出发点是微观的组织，所以本节主要从旅游企业的角度出发，着重对与旅游服务与需求管理相关的问题进行探讨。

一、旅游服务需求

在一定的价格水平上，旅游者愿意购买旅游服务的数量称为旅游服务需求。可以从旅游目的地（宏观）与旅游企业（微观）这两个层次对旅游服务需求进行分析。这里从旅游服务企业的视角进行重点探讨与分析。

（一）旅游服务需求的类型

1. 有效需求或实际需求

真实的并且能够通过购买实现的需求称为实际需求或者有效需求，还有一种说法为精确的顾客数量。这些精确的数量可由旅游服务组织通过统计获得。当然，旅游供应商都希望有大量的有效需求，但是如果有效需求过多，就会有供不应求的问题出现。

2. 受抑制型旅游需求

由于某种原因而没有实际购买的需求称为受抑制型旅游需求。此类需求又可分为延缓需求与潜在需求，具体如下：

（1）延缓需求

形成延缓需求的原因主要是供应方及其他双方都不能够控制的因素，比如，恶劣的天气情况、住宿设备不足等，都可能是造成这种需求的原因。在问题解决后，延缓需求很有可能转变为实际需求。

（2）潜在需求

在未来条件允许的情况下，很有可能转变为实际需求的需求称为潜在需求。例如，增加休假机会或者收入，很有可能将原来具有潜在需求的群体转变为实际的顾客。由此不难看出，潜在需求产生的原因更多是与个体因素相关。

3. 无需求

无需求人群指的是社会上不参与旅游的人群，不参与的原因可能是无旅游意愿、无经济实力或者没有时间等。

（二）旅游服务需求的特点

1. 波动性

一般情况下，在不同的时间内旅游服务需求也会有所变化，所呈现出来的特点为上下波动。比如，一些度假地酒店在淡季时只有采取闭门歇业的方式，才不至于入不敷出，这其实对服务能力与服务需求的管理提出了相当大的挑战。怎样使旅游服务需求的波动趋于平缓，已经成为很多旅游服务组织进行管理时需重点考虑的问题之一。

2. 异质性

不同游客的旅游服务需求可能有很大的差异，具体表现在对服务方式、水平、内容，以及与供应商的接触程度等方面的需求不同等方面。这一特点加大了旅游服务组织质量管理的难度，与此同时，需要一线服务人员具有更高的素质以满足顾客的个性化需求。

此外，一些潜在的冲突可能会由旅游服务需求的异质性引发。比如，在服务过程中，由于不同顾客有着不同的需求，因此他们占有的时间也会不同，由此，有些顾客可能会认为服务人员的效率低下，或者自己没有获得公平的待遇，进而产生不满情绪。

（三）影响旅游服务需求的因素

有很多因素会对旅游服务需求产生影响，如表 5 - 5 所示，以旅游服务组织的角度为出发点，列出了几项主要影响因素。

表 5 - 5　　　　　　　　　影响旅游服务需求的因素

类别		主要因素
个人因素	人口统计因素	性别、年龄、教育程度、收入水平、职业、健康状况
	社会—心理因素	动机、偏好、态度、社会角色与地位、过去的经历、文化意识
供应方因素		产品、价格、促销、形象、口碑、渠道、技术使用
其他因素		政治、经济、文化、技术、气候

1. 旅游者个人因素

此种因素可分为社会心理因素与人口统计因素两大类，这些因素代表了需求方对旅游服务需求的影响。

2. 供应方因素

具体包括旅游服务组织或者旅游目的地的服务内容、价格、产品供应，以及所作的市场共同努力，这是供给方对旅游服务需求的影响。

3. 其他因素

其他因素也就是对供需双方都会产生影响，进而间接对旅游需求产生影响的大环境因素。

二、旅游服务供给

在全面了解旅游服务需求的前提下，旅游服务组织会以自己的目标为依据，同时与竞争状况相结合，再进行服务供给的设计。

（一）旅游服务供给的特点

1. 高固定成本

很多旅游企业需投资的固定成本会很高，比如大型娱乐场所、航空公司等旅游企业都需要在多方面投入大量的资金，包括通信网络、建筑物、设备设施等。固定成本高的旅游企业的设备利用率越低，单位成本的分摊越多，而竞争力就会越差。从另一个角度来看，也就是销售量会直接影响固定成本高的旅游企业的利润额，即销售量越大，利润额越高。所以旅游服务组织不仅要提高自身供给能力的灵活性，还要采取多种手段刺激有效需求的增长。

2. 相对稳定性

旅游服务供给与需求恰好相反，一旦旅游服务供给能力形成，那么在短时间内就会很难发生改变。还有一种情况是，通常需要投入大量资金后才能够作较大改变，其表现出相对的稳定性。旅游服务供给稳定性的另一种表现为，旅游服务不可以被预先生产并储存。

波动的旅游服务需求与相对稳定的旅游服务供给之间经常会出现不平衡状态，要想将旅游服务供需矛盾完全消除是不可能的，但旅游企业可通过保持其结构的灵活性，以及一定的人力资源管理手段，对短期内供给能力进行调整，以此适应波动的旅游服务需求。

（二）旅游服务供应能力

在某个时刻或者时间段内，一家服务组织在服务质量符合标准的前提下，能够服务的顾客人数称为服务供应能力。与此有关联的还包括以下两种重要概念：

1. 最大服务供应能力

在特定时间内，能够使顾客需求的服务供应能力的上限得到满足称为最大服务供应能力，其代表最大的服务产出。

2. 最佳服务供应能力

能够使服务资源被有效利用得到保证，同时使顾客获得优良的服务质量感知的服务供应能力称为最佳服务供应能力，其代表着最优的服务产出。

倘若服务的顾客数量超越了最佳供应能力，就有可能使顾客感知服务质量下降。从经济学的角度出发，是在需求达到最佳供应能力时企业能够获得最大利润；从服务管理学角度出发，是在需求达到最佳供应能力时顾客的质量感知最优。对于很多旅游企业来讲，它们的最佳供应能力通常会小于最大供应能力，当然，在某些情况下两种供应能力很接近，比如，足球赛场的上座率越高，球员就越能够发挥出更高的水平，这样也就越能让观众的服务体验提升。

三、旅游服务的供需矛盾

如图 5 - 3 所示,旅游服务需求相对于供应能力的变化,可能有以下四种情况出现。

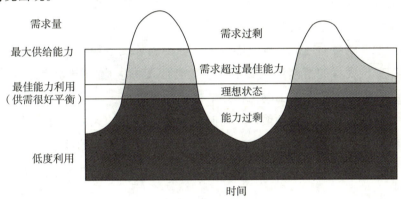

图 5 - 3 需求相对于能力的变化

（一）需求过剩

服务需求超出最大服务供应能力称为需求过剩。通常情况下,一些旅游热点地区的主题公园、景点、饭店会在旅游旺季出现此类情况,导致的结果为有些顾客得不到服务,最终丧失了服务机会。对于那些获得了服务的顾客来讲,因为供应能力不足造成顾客过度拥挤、长时间等候,以及服务设备与人员长时间、超负荷运行与工作等状况发生,这样可能对服务质量及旅游者的旅游经历产生不良影响。

（二）需求超过最佳能力

需求水平处于最大服务供应能力与最佳供应能力之间为需求超过最佳能力。在这一水平所有顾客都能够得到服务,但是因为有较多的顾客,导致服务设备与员工处于超负荷的工作状态,这样顾客的服务感知质量就无法达到最佳水平。

（三）需求与最佳供应能力实现平衡

需求与最佳供应能力实现平衡是一种理想状态,也就是服务设备设施与员工均未超负荷运转，并且都处于最佳状态，而服务供应能力得到了有效地利用，顾客并不需要长时间的等待就能够获得良好服务。

（四）能力过剩

所谓能力过剩，主要是指需求水平处在最佳供应能力之下，并且没能充分利用设备设施与劳动力等生产资源，导致部分服务供应能力的浪费，进而造成利润损失。在这样的情况下，顾客有条件获得高度关注，并得到高质量的服务。但是还有另外一些服务产品，如音乐会、酒吧等，如果有较多的顾客就会营造成一种氛围，使顾客的满意度增加。如果顾客过少还会对服务接受者的情绪产生影响，或者会怀疑供应商的服务能力与质量。同时，在这种环境下员工的工作热情也会受到影响。

在旅游服务供需达到最佳平衡时，旅游供给方的人力、设备设施等均能够被有效利用，而旅游需求方对服务产品质量、数量的要求同样得到满足。但是这种平衡一般都是短暂而理想的状态，实际多处于供求之间不平衡的状态。

在旅游服务中，在供求不平衡的状态下，有时会出现旅游者的需求得不到满足，旅游供给能力出现闲置的情况。因此，怎样促使供需之间达成平衡关系是旅游业界管理者所面临的巨大挑战，而管理旅游服务供给，以及管理旅游服务需求是最基本的两条途径。

四、管理旅游服务供给

（一）设计灵活的供给能力

由于很难在短期内较大幅度地改变已经形成的旅游服务供给能力，因此，旅游企业在进行服务能力设计时，就应该充分考虑灵活性问题，以便在运营中以实际需求的变化为依据，对服务供应能力进行调整。

（二）对供给能力进行调节

旅游企业在特定时间内，能够适当地调节旅游服务供应能力，以便适应需求水平的变化。此外，不同旅游企业也可以以自身实际情况为依据，采取多种方式对供给能力进行调节，主要包括以下几种。

1. 雇佣兼职员工

在需求高峰时，旅游企业可雇佣一些兼职员工，在进行简单培训之后，让他们从事一些标准化程度较高或复杂程度较低的工作。但通常的情况都是兼职员工未经过企业的系统培训，加之兼职员工并没有对企业的责任感与归属感，大量频繁地雇用兼职员工可能会使企业形象与服务质量受到损害。

2. 进行交叉培训

所谓交叉培训，是指对员工进行不同岗位工作技能与技巧的培训，从而让员工成为"多面手"。在经过交叉培训之后，暂时空闲的一些岗位的员工能够为较为忙碌的岗位提供支持，这样可有效提高企业供应的灵活性。目前，国际上很多大型连锁饭店对员工的交叉培训都很重视，从而保障不同岗位人员供应的灵活性。这种做法一方面克服了雇用兼职员工带来的弊端，另一方面也培养了员工的团队精神，增强了相互合作的能力，从而使旅游企业的整体形象与效率得到提升与改善。

3. 提高顾客参与程度

在需求高峰时，让顾客更多地参与服务的生产过程，顾客的自助服务实际上相当于增加了服务人力，进而使旅游企业服务供给的灵活性提高了。一般情况下，要想提高顾客的参与程度，不仅需要旅游企业对顾客的鼓励与引导，同时也需要技术设备的支持。

4. 租用和共享某些设施设备

旅游企业可以在需求不足时，可将空闲设备提供给同行以增加自身的收益；在需求高峰时，租用额外的服务设备。那些具有互补需求模式的企业可签订正式的共享协议。这些方式可以使服务组织在短期内以较少的投资来调节供给能力，从而适应变化的需求。

5. 灵活安排需求低谷时期过剩的供给能力

由于旅游需求具有季节性波动的特点，因此，许多旅游企业都面临着在某一段时间内供给能力过剩的问题，而设备与人员的大量闲置就是其最显著的表现。此时，旅游企业可以对设备设施的维修以及员工的休假与培训进行有计划地安排，与此同时，还可以将空闲的供给能力作为同员工、供应商、分销商以及顾客建立与强化关系的手段。

五、管理旅游服务需求

有以下三种基本旅游需求管理方法可供旅游服务组织选择。

(一) 不采取行动

理性消费者一般都具有学习的能力，他们通常会通过市场中存在的口头宣传，以及自身的消费经验等途径认识到在什么时候消费能够得到及时服务。这样需求就会自动调节与寻找平衡点。但是，这种方式也有可能因为过多的顾客在同样的预期下，导致在其他时间形成需求小高峰，进而没有达成平衡供求、分散需求的目的。与此同时，顾客在这个过程中，可能会知晓其他更具反应性的供应商，从而有转换供应商的行为发生。

(二) 调节需求

在需求低谷时，刺激需求；在需求高峰时，抑制需求即为调节需求。旅游企业在调节需求时可采用多种市场营销手段，从而适应供给能力。一般情况下，旅游企业用于平衡需求最直接、最灵活的需求管理工具为价格，即需求低谷时降低价格，需求高峰时提高价格。旅游企业应将相应信息及时公布给潜在顾客。倘若顾客不能接受调节需求后的结果，就会转向其他消费方式或者改变消费时间。

管理者必须在清楚认识产品的需求模式与结构的前提下，才能够使用价格作为调节工具，并且保证价格调节的有效性。如图 5 - 4 所示，表明某一饭店在淡季与旺季消遣性旅游者和商务型旅游者两个细分市场所具有的不同需求曲线。

其中，对价格较为敏感的是消遣性旅游者，在图 5 - 4 中他们的需求曲线倾斜平缓，表明需求量的变化在很大程度上受到价格变动的影响；旺季时整体需求水平会提升，表明在相同需求量的情况下，旅游者更愿意支付相较于淡季更高的价格。倘若某一细分市场在这种类型之中，那么旅游企业就应该采取多种灵活的价格政策，从而达到供需平衡状态。

通常情况下，商务旅游者对价格并不敏感，客房需求量的变化受到价格变动的影响并不大，因此，图中的需求曲线表现为陡峭斜线。一般来讲，此类旅游者在公共假日或者周末会很少出行或在饭店住宿，在这一时

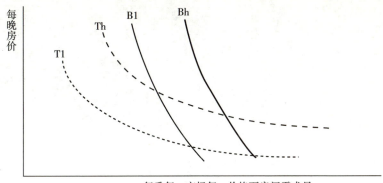

注：T1 = 淡季消遣旅游者需求曲线；Th = 旺季消遣旅游者需求曲线；B1 = 淡季商务旅游者需求曲线；Bh = 旺季商务旅游者消费曲线。

图5-4 饭店淡旺季不同细分市场的不同需求曲线

间段内可看作是淡季或者低谷。在面对这种类型的市场时，利用价格调节需求的方式就会变得不适宜。这类市场实际上会成为企业寻求高利润的来源。

对于旅游服务产品来讲，有时将价格作为平衡供求的工具，并不会像对物质产品那样行之有效。此外，旅游供应商还可以对其他一些手段加以利用，进而对需求产生影响，具体包括：通过沟通宣传向顾客提供信息，使顾客了解需求高峰的时间分布情况，并对他们选择非高峰时间进行消费加以鼓励；改变沟通方式、服务内容即调整服务传递的时间与地点等来影响平衡供求。

（三）储存需求

造成旅游服务供需矛盾的重要原因之一就是旅游服务的不可储存性。但服务不可储存不代表需求不可储存，相反地，通过储存需求，能够将服务供给能力进行有效利用。

第六章
旅游资源管理研究

旅游资源是旅游业发展的基础，也是旅游规划的先决条件。厘清旅游资源的概念及其与之相关概念的关系，分析旅游资源的基本特征，对于旅游资源开发与管理具有重要意义。

第一节　旅游资源的概念、特征与分类

一、旅游资源的概念

旅游是由三大要素所构成的综合体，具体包括介体（旅游业）、主体（旅游者）、客体（旅游资源）。旅游活动的产生，旅游资源是必不可少的，虽然在不同历史时期旅游活动的主体内容会有所不同，而现代旅游业涉及的行业与范围也在进一步扩大，但是旅游资源在旅游活动中的地位始终没有改变，因此，旅游资源是旅游学研究中最基础的内容之一。

在人类社会与自然界中，只要是对旅游者具有吸引力，并能够将旅游者的旅游动机激发出来，使他们的旅游需求得到满足，并能够被旅游业利用，从而产生社会、环境、经济效益的各种各样的潜在或者现实要素，均为旅游资源。

二、旅游资源的基本特征

作为人类旅游活动客体的旅游资源，与其他资源在特征上有很多不同点。对于正确认识、科学管理、合理利用旅游资源来讲，深刻理解旅游资源的基本特征有着重要意义。为了对旅游资源的特性有更深入地了解，应先探讨旅游资源的共性，进而对人文与旅游资源各自的特性进行分别研究。

（一）旅游资源的共性特征

1. 区域性和特色性

旅游资源分布有一定的地域范围，有地域差异存在且带有地方色彩，这便是旅游资源的区域性特征。在空间分布上，各种资源存在于特定的区域环境中，是构成区域环境的重要因素，因而，均能够将一定的地理环境特点反映出来。

可供人类旅游享用的自然环境及景观是由水利、动植物、气候等自然要素综合形成的统一整体，其地域不同，所表现出来的自然环境与景观条件也会不同，地域差异性也很明显。自然景观的地带性差异与非地带性差异是地域差异性的主要表现，而非地带性差异的实质为地域性。

由古今人类文化活动而产生的现象也可作为旅游资源，其分布与形成既受到意识形态、历史、民族等因素的影响，同时又会受到自然环境的制约。无论是哪一时期的建筑艺术、历史文化、宗教等，都会产生并存在一定的地域空间内。在同一时代内，不同地域的文化之间存在明显差异。为此，也可以认为人类是通过文化的作用来实现区域环境的影响与利用，从而形成了带有浓厚地域特点的旅游资源。

2. 观赏性和体验性

与一般资源相比，旅游资源具有观赏性及美学特征。观赏性几乎是所有旅游过程中不可或缺的内容，甚至有时是全部旅游活动的核心内容。获得一定的某种体验是旅游活动本身的目的所在。

旅游资源能够经过适当地开发为旅游者提供可以体验、参与的活动即为体验性，如求学求知体验、观赏体验、审美体验等，开展旅游活动的基本属性为体验性。比如，一些滑雪场、漂流河段等旅游资源均具有较强的体验性，随着不断变化着的旅游者需求及未来旅游业的发展，会对旅游资源的体验性有越来越多的需求。

3. 引力性和定向性

与其他类型资源一样，旅游资源应具有一定的使用价值，也就是对人类有某种用途，旅游资源的利用价值主要表现为对游客具有吸引力。因为某一旅游地具有吸引旅游者的事物，所以他们才会从客源地到旅游地旅游，而旅游资源是游客从客源地到旅游地间流动的主要推动因素。由于旅游者个体与群体旅游动机及旅游需求表现形式的多样性，导致在某种程度上，旅游资源的吸引力为旅游者的主观反映。在通常情况下，某一个区域旅游资源的吸引力与到达该区域的多年平均旅游者数量成正比例关系。

对某一项具体的旅游资源来讲，由于旅游者个体在年龄、个体偏好、性别等方面的差异，某些旅游者觉得这项资源的吸引力很大，某些旅游者却觉得很小，甚至是缺乏吸引力。因此，无论是哪一种旅游资源，都只能对旅游客源市场的某一部分产生吸引力。因此，要求旅游资源在开发过程中要准确地定位客源市场，并且要将定向性深度开发做好，以此对更多的客源市场旅游者产生吸引力。

4. 多样性和综合性

多样性与综合性是旅游资源形成方面所具有的特点，其是一种综合了人类历史遗存物与天然富集的资源，并且是使人们文化传播、维持生态平衡及娱乐消遣等多种功能与用途为主的无形与有形的事像集合体。

旅游资源的综合性表现在其多是由不同的要素组成的综合体。比如，峡谷景观由野生动植物、林地、谷地等组成。因为这类景观形成因素具有相对的不确定性，所以在对其开发利用时，应注意使不同因素的作用条件得以满足。人文资源同样具有综合性特征。

在旅游资源开发方面同样表现了旅游资源的综合性。因为一般情况下，单一旅游资源对旅游者的吸引力有限，因此，在资源开发规划实践过程中，经常将类型不同的旅游资源相结合，并一同进行开发，由此形成优势互补，并将旅游地的吸引力显著地提高。

在保护旅游资源时，不仅要保护资源本体，还要保护资源赖以生存的环境，比如非物质文化遗产、人文类旅游资源等。以黄山迎客松为例，在保护松树本体以外，还要保护它们的生长环境，设置其保护范围，在此范围内，禁止游客抚摸、靠近等会对生存环境产生影响的行为。

（二）自然类旅游资源的特征

1. 自然演变性

自地球诞生之日开始，自然界一直处于不断演变的过程中。自然旅游资源是自然界发展演变的结果，是各种自然要素综合作用的结果，我们所能观赏的山川河流、奇花异草等都是自然演变的结果。

无论是哪一种自然旅游资源都是自然演变的结果，且均处于不断演变的过程中。自然旅游资源赖以生存的基础为自然环境，自然规律在很大程度上制约着自然旅游资源，并且它的管理与开发都要遵循自然规律，要防止违背自然规律所导致资源破坏的事件发生。

2. 季节周期性

因为地球的公转运动使自然环境产生了气候季节变化，所处环境的季节变化致使自然资源具有季节周期性。对自然旅游资源景观形态产生影响的主要因素为气候，同时气候也是导致自然景观特征季节性周期变化的原因。自然植被类资源的变化是季节性最显著的变化，并由此形成了完全不同的景观。气候的季节性变化，易形成一些特殊旅游景观，比如，雾凇、季节性瀑布、冰雪等。

在开发与管理自然旅游资源过程中，应对不同季节景观特征的挖掘多加注意，并开发出具有特色的多样旅游产品。对自然资源的季节周期性加以灵活运用，能够将旅游淡季转变为旺季，并使旅游地的旅游吸引力显著提升。

3. 地带分异性

因为自然资源所处的热量带、海拔高度不同，致使自然旅游资源随着自然环境区域分异而呈现地带分异性，并且要遵循地带分异规律。地带分异性主要有以下三种：

（1）纬度地带性

由于太阳辐射在纬度上分布不均匀，地球上不同的纬度带会产生气候分区，进而形成不同的气象、生物、地质及水域景观。比如，温带森林、热带风光等。

（2）经度地带性

其主要是地球自转以及海陆分布的不均衡导致的，由于地表不同经度地带的蒸发量与降水量区别较大，从而形成了不同经度特点的旅游资源。比如，我国东、西部地区的差别很大，西部主要是荒漠、草原景观等，而东部则是被茂密的森林、植被所覆盖。

（3）垂直地带性

其主要是由于同一地域海拔高度的不同所引起降水量、热量等的不同而引起的变化，如"一山有四季，十里不同天"形象地描写了其垂直型地带性。自然旅游资源的区域差异与分化受到各种分异规律的制约，在进行开发时，应该突出地带性特征，因地制宜，并将区域性特色充分地挖掘出来。

4. 生态脆弱性

相应的各种自然要素所建立的生态平衡，以及自然生态环境，是自然旅游资源所形成的特征，人类的开发行为非常容易导致资源的不可利用性，与生态平衡的破坏。自然资源的这一特性要求开发者必须在进行旅游资源的开发时，重视环境与资源的保护工作，绿色旅游、低碳旅游已经成为旅游新热点，这其实也是对旅游资源过度开发进行后反思的结果，一定要保护人类赖以生存的地球。

（三）人文类旅游资源的特征

1. 社会演变性

在社会发展演变的过程中产生了人文旅游资源，这也是人类历史进程中文化、建设、经济及政治活动的成果结晶，同时也反映出社会发展规律的作用。不同时期的建筑形态，其建筑艺术的特点也不同，在旅游开发过程中，经常会遇到对建筑的仿造、恢复等，面对这种情况时，应重视符合其社会演变的特点。人文旅游资源在开发管理过程中，应对其所处的时代背景有充分的认识，在进行资源开发时，应与社会演变的特点相符合，防止出现"善意破坏"的行为。

2. 历史时代性

人文旅游资源产生于特定的历史时代，并将此时代人类社会风貌反映出来，同时也是历史的见证。因此，特定的时代特征是在人文旅游资源的开发与管理过程中必须要突出的特点，且需创建与重构历史文化氛围，保持资源的原真性。

3. 内涵丰富性

人文旅游资源比自然旅游资源所凝聚的文化内涵丰富，文化是人文旅游资源的核心特色。文化展示是资源开发的主体，而旅游资源开发的关键为文化内涵的保护、认识及利用。比如，我国古代的帝陵旅游资源，其构筑设计思想通常都讲究"生死如一"，通俗地讲，就是帝陵的墓地设计通常都会与真实世界相同，对帝陵旅游资源的开发应注重其内涵的挖掘，并对解说系统的设计多加重视，及向旅游者展示其丰富的内涵。

4. 发展持续性

自然界的演变周期长，而人类社会的发展周期短、速度快。现代科技与社会建设的发展，对人类不断地创造出新事物起到促进的作用，致使人文旅游资源的集合持续扩大。与此同时，人文资源的形成也是社会文化传承与发展的结果，社会文化发展不断地创新与传承，使人文旅游资源处于不断发展变化中，具体表现在以下两个方面：

第一，人类的思维创新活动处于高速运转之中，再加上科技水平的不断提升，两者相结合从而有很多新的文化成果产生。比如，新的服饰、新的建筑形式等，这些成果很快便会吸引住旅游者的眼球，并且被旅游业加以利用，从而成为新的旅游资源。

第二，在社会发展进程中，人类的旅游活动形式及需求同样处于不断发展变化中，这样就有了为使这种需求得到满足而出现的旅游产品与资源，比如，航天旅游随着航天技术的不断进步已成为现实。随着科学技术的不断发展，旅游资源的价值与功能同样在不断深化，处于不断发展与进步中。

资源的发展持续性是在对人文旅游资源开发与管理过程中需重点注意的点，应不断地注入新的文化内涵，促进其健康持续发展。

三、旅游资源的分类

（一）旅游资源分类的意义

1. 系统认识了解旅游资源的方法

旅游资源覆盖的数量庞杂、内容丰富。分类能将众多旅游资源系统化、条理化。在对旅游资源进行分类时，应对它们的异同进行比较，并认识它们的属性，分类本身就是一个对旅游资源深入了解的过程。然后对其进行划分与归纳，形成不同类型、层次体系，实质上构成了一个系统化的逻辑体系，进而为人们从整体或者分门别类地认识旅游资源创造有利条件。

2. 科学调查评价旅游资源的前提

在分类的基础上才能进行旅游资源的评价与调查工作。调查需要对旅游资源及其相关因素进行系统地收集、整理、分析、记录；评价则是在调查的基础上所进行的更深入的工作。调查工作的基本内容同样包括旅游资源的类型调查。因此，在对旅游资源进行调查与评价之前，应以本次调查评价的目的要求为依据，将合适的旅游资源分类确定下来，以此增强后续工作的科学性。

3. 合理开发利用旅游资源的基础

在对旅游资源的开发与利用时，应对资源特点与市场需求这两方面因素进行综合考虑，要想实现旅游开发的三大效益（生态、经济及社会效益），二者缺一不可。作为重要因素之一的旅游资源，需要深入地分析与认识它的组合优势、属性等，并将类型不同的旅游资源的特点相结合，从而进行相应的利用与开发。因此，分类是对旅游资源进行合理开发与利用的基础工作之一。

4. 有效保护管理旅游资源的关键

旅游资源的存在状态、性质等有着各自的特点。在面对不同类型的旅游资源时，旅游开发者与管理者所能够采取的保护管理措施也应该有所不同。比如，主要从人文活动的传承方面，对人文活动类旅游资源进行保护管理。如果只用一种方式进行管理，必定会有与预期相反的后果产生。

（二）旅游资源分类的原则

1. 共轭性与排他性

共轭性与排他性是进行旅游资源分类的首要原则，也称为相似性与差异性原则。这一原则要求所划分出的同一等级、同一类型的旅游资源，必须具有相同属性，而不同类型之间的资源必须有差异性存在。不可以将具有不同属性的旅游资源划分为同种类型，也不可以将相同属性的旅游资源划分为不同类型。

2. 系统性与层次性

旅游资源是由不同的资源个体共同组成的系统，其作为系统的基本特征包括层次性与系统性。因此，在对旅游资源进行分类的过程中，应对旅游资源整体有一个准确的把握，再对其进行逐层分类，进而形成一套完整的分类体系。所划分的层次应该界定清晰，上一级类型应完全包含次一级类型，不能有上一级内容被超出，或者少于次一级内容的现象出现，否则就会有层次结构上的逻辑错误出现。

3. 分类性与等级性

分类性与等级性也称为分级与分类相结合原则。旅游资源是一个庞大且繁杂的系统，其能够划分出很多不同级别或类型的亚系统。因此，在进行旅游资源的分类时，可将类型与等级的划分相结合，即将旅游资源的质量分类与属性分类相结合，逐级进行划分，从而使分类体系的科学性增强。比如，自然旅游资源依照其属性的不同可划分为四类，分别是生物、气候与天象、水域及地质景观，其中，每一种类型都能够以其质量差异为依据，划分为三个等级，分别为市县级、省级和国家级。

4. 实用性与操作性

旅游资源的分类一方面是旅游产业发展的需要，另一方面也是对旅游资源的认识研究。因此，在进行分类的过程中，应对分类工作的主要目标与要求进行充分考虑。在面对不同情况时，确定不同的分类指标，从而使不同的分类体系形成，进而为后续的分析研究提供便利。比如，对旅游资源进行普查的目的是掌握调查区旅游资源的总体情况，相应的分类系统就应该类型全面、体系完整。

（三）旅游资源分类的依据

对旅游资源进行分类分级时，不仅要遵循上述原则，还要有一定的标准与依据，也就是必须以旅游资源本身的某些关系或属性为依据进行分类。由于旅游资源的特点、属性，以及事物之间关系的复杂多样性，使用时，可按照不同的分类目的来选取不同的分类依据。以下几种是较为常见的几种分类依据：

1. 成因依据

旅游资源形成的基本原因与过程差异即为成因依据。比如，自然旅游资源是自然形成的；人文旅游资源是人为作用形成的。

2. 属性依据

旅游资源的性质及存在形式、状态之间的差异即为属性依据。比如，自然旅游资源中的气候、生物、地质等旅游资源，因为它们的形状有非常大区别，所以可将它们划分为不同类型。

3. 功能依据

旅游资源可以满足旅游需求的效能与作用的差异即为功能依据。比如，以旅游资源功能的不同为依据，可将其划分为参与体验型、观光游览型、保健游览型等。这种分类依据划分出来的结果并不是单一的，某些旅游资源能够同时让多种旅游需求得到满足，因而，同时具备多种旅游功能。

4. 时间依据

旅游资源形成的时间差异即为时间依据。比如，以时间因素为依据，建筑类旅游资源可划分为现代建筑、古代建筑、原始建筑等。

5. 组合依据

旅游资源结构及配合状况的差异即为组合依据。比如，皇城故宫是一处综合人文旅游资源，其由园林艺术、宫殿建筑群、雕塑等组合而成。

6. 管理依据

旅游资源的行政管理及其名誉称号级别的差异即为管理依据。比如，以旅游资源的管理级别为依据，可将自然保护区类旅游资源划分为三种，分别是区和市（县）级自然保护区、省级自然保护区、国家级自然保护区。

7. 其他依据

除了上述依据之外，还有一些其他的因素能够作为旅游资源分类的依据。比如，资源质量差异、开发利用的状况差异等。

（四）旅游资源分类的步骤

1. 调查旅游资源分类地域

在对旅游资源进行分类时，首先要知道分类的对象是谁。因此，分类的第一步应该是在界定的旅游资源开发管理地域范围内，整体、调查、记录旅游资源单体，从而确定资源的性质、存量与质量。

2. 登记旅游资源分类性质

在完成调查之后，应对照调查的整理资料与信息，及时对旅游资源的特征、属性进行详细登记，并为下一步的分类工作做好准备。

3. 构建旅游资源分类系统

在构建或选用旅游资源分类系统时，应首先确定分类的要求与目的，并明确此次分类工作是有特殊要求的专门性分类或一般性分类。然后参照一般分类原则，并与实际确定的相应分类体系及标准相结合。比如，多数学者在进行旅游学术研究时，更加倾向于选用两分法分类体系。

4. 评价旅游资源分类属性

以分类体系中所选用的分类指标为依据，分析、对比旅游资源，并对区内旅游资源的性质特征进行评价。

5. 确定旅游资源分类归属

以所构建的旅游分类体系为依据，并与旅游资源本身的属性相结合，在上述工作的基础上，对资源做最后的类型划分、归总。这一过程可采用的方式包括逐级归并或者逐渐划分，具体如下：

（1）逐级归并

也就是由下而上进行分类，以旅游资源个体为起始点，并按照一定依据，将相同的先归并为最基本的小类型，然后再以某种相似性作为依据，逐一归并出较大类型。

（2）逐渐划分

也就是由上而下的分类，其将旅游资源看作一个群体（也就是整体或者大系统），依照一定依据的差异性与相似性，首先划分出高一级类型（也就是大类或者支系统），然后在分别向下逐级划分。

6. 建立旅游资源分类体系

在初步分类、构建分类系统的基础上，需从下至上或者从上至下，对其进行逐级对比分析，并检验其是否与分类目的与原则相符；分类系统是否包含了所有旅游资源；资源属性的划分是否妥当。如果有不妥之处，应该对其进行及时地调整、补充。最终形成一个与要求相符的科学分类系统。除此之外，还应该附有简要说明，本次旅游资源分类的依据、要求、目的、原则及结果等是其包括的内容。

第二节　旅游环境管理

一、旅游环境管理的概念

环境科学是旅游环境管理的理论基础，即将法律法规、行政、教育等多种手段加以综合运用，处理好与旅游业发展相关的个人、政府部门、社会团体及企事业单位所引起的环境问题，以此使旅游经济与环境保护协同发展，既达到社会、经济利益，也达到环境利益，实现旅游业的可持续发展。

旅游环境保护工作的实质是规范人们的旅游行为，惩处、阻止和限制人们对旅游环境的损害行为，倡导文明旅游，教育人们积极主动保护旅游环境，进而解决因为发展旅游业而人为造成的环境破坏与污染等问题。

二、旅游环境管理的特点

（一）综合性

环境学、生态学、旅游学、经济学等多学科在进行旅游环境管理时都会涉及。旅游环境破坏与污染的防治工作包含生态、经济、法律、政治等多方面的系统工程，运用单一的手段与措施是很难取得实质性的进展的，必须采取行政、教育、规划、法律、科技、经济的综合配套方法，统一组织，综合治理，才能获得成效。

由于旅游业本身的综合性非常强，其并不是一项单一产业，而是会与很多产业有关联的产业群体，具有分散性与多样性，包括旅馆服务业、景点经营、娱乐业以及其他非常多的经营行业。因此，旅游环境管理的范围一定会涉及非常多行业部门单位，比如，公安、林业、水利、文物、交通、商业、旅游等。

（二）区域性

因地制宜是旅游环境管理时必须遵循的原则，并且要以不同的旅游环境状况为依据，采取不同的管理措施与手段。每一个旅游目的地的旅游环境状况都是不一样的，因为其人口密度、经济发展水平、工业布局、气候条件及开发程度等方面有差异存在，所以管理一定会具有地域性特点。基于此，旅游环境管理具有显著的区域性特点。

（三）大众性

随着旅游业的快速发展，旅游已经逐渐成为一种生活态度与生活方式，并且与大众的生活息息相关。任何一位旅游者的活动与行为均会直接影响旅游环境保护，处于一定旅游环境中的游客，他们的活动与行为会在某种程度上对旅游环境产生影响。因此，公众合作是在保护旅游环境、解决旅游环境问题时一定要强调的一项内容。通过环境教育之后，能够让人们认识到必须合理利用与保护环境资源，这样才能更有效地解决环境保护问题和旅游资源的可持续性利用。

三、旅游环境管理的职能

各级环境管理部门是旅游环境管理的主要职能部门，行使环境监督、执法、处罚等国家环境法赋予的政府管理职能。而计划、资源管理、运营、规划等企业或者部门行使相应的资源可持续利用、地域环境保护等职能。

（一）规划与计划的管理职能

为了对旅游环境系统进行调节与预测，并使旅游环境的开发得以实现，而作出的一定空间、时间内环境策划的具体安排称为旅游环境的规划与计划，其涉及了对一定时期内旅游环境保护措施与目标所做出的规定，以及未来活动的安排。

作为旅游环境管理中最基本职能的规划与计划。其一方面是协调社会经济发展与环境保护的重要手段，另一方面也是各级政府环境保护工作决策的依据。同时还能为制定旅游发展规划、社会发展与国民经济规划、城市总体规划提供科学依据。

通常情况下，旅游环境规划的时间为 5～10 年，其中包括为使目标达成所做出的一系列严密的工作计划与全面长远的发展纲要，以及在一定时期内的旅游环境保护目标。在预测旅游发展对环境的影响以及环境质量变化趋势的前提下，旅游环境规划需要将多方面的信息综合起来，再经过科学分析作出具有规定性与前瞻性的方案。实行旅游环境管理的重要手段之一即为旅游环境规划，其也是促进环境保护与旅游业发展相协调的重要步骤。

旅游环境规划的细化步骤即为计划，它是具体落实规划的重要手段，两者之间有着极为密切的关系，不可分割。旅游环境计划涉及具体的行动方案与可行措施，具体详细地解答了规划中的做什么、为什么做、什么时候做、什么地方做、谁去做等问题。

（二）协调职能

处理环境管理中的冲突、矛盾，将旅游环境保护各方的权责利益关系理顺，形成和谐互利的氛围，使保护环境与旅游资源的目标顺利实现得以保证的管理活动称为协调职能。由于旅游产业具有综合性的特点，而旅游环境管理所涉及的部门多、行业广，因此部门与行业之间的协调是十分有必要的。环境管理部门将各有关行业、地区、部门都组织起来，并且将各自管理范围内的必须要做的环境保护工作做好，以及协调解决跨地区、跨部门的环境问题是旅游环境管理协调工作的主要内容。

（三）监督职能

监督不仅包括督促，还包括监察，其含义为对保护旅游环境行为的及时督促与对可能危害旅游环境行为的监察。旅游环境管理主体监察被管理者的旅游行为即为监督，同时督促有关个人与单位执行与遵守旅游环境保护的规定、条例、法规等。

监督的重要职能是保证旅游环境管理的有效进行。只有实行切实有效的监督，才能够真正将旅游环境保护的规划、方针、政策等付诸行动，进而转变为人们的实际行动。旅游环境监督的主要内容包括以下几个方面：

第一，监督旅游环境保护的标准、法规、政策、制度、法律的实施。

第二，规范、监督旅游者的旅游行为，采取必要措施制约、制裁破坏旅游环境的行为。

第三，监督各有关部门所负担的旅游环保工作的执行情况。

第四，监督旅游环保计划、规划的实行。

在履行旅游环境管理监督职能时还要格外注意以下两点：

第一，监督职能的实现必须具备两个基本条件，一是监督必须有法可依，并且是由具有权威性的管理主体进行，使监督实施的合法性有保障；二是要将常规与突发情况下的旅游环境检测做好，并为执行有效监督提供充足的依据资料。

第二，旅游环境管理监督必须完整、全面。旅游环境的破坏并不是一夕之间造成的，某些地区的旅游环境遭到严重破坏的原因一般是由于欠缺强有力的监督管理、缺乏相应的约束性环境规划，还有一些是因为没有履行日常的环境检测。要想对旅游环境的保护有帮助，并尽量减少损失的办法是全面完整地监督管理旅游及其相关活动，在不良现象发生之初就及时制止并解决。监督职能贯彻于被管理者活动的整个过程，不可以只对某项旅游及其相关活动的结果进行监督，一定要保证监督的全面完整。

（四）指导职能

管理主体在经验技术、宣传教育、专业知识等方面，对被管理者具体实施环境保护进行指导的导向活动称为指导职能。其主要告诉被管理者"应该怎么做"，指导职能概括来讲主要包括以下两个方面：

第一，指导怎样搞好旅游环境建设，如防止破坏与污染。

第二，指导怎样做好旅游环境管理工作。

具体包括以下几点内容。

一是指导旅游环境部门进行科研攻关，为社会提供效果好，并且投资少的科研成果。

二是总结交流与推广旅游环境管理以及污染防治的先进技术与经验。

三是组织开展旅游环境教育与宣传工作，使全民尤其是决策者的环境保护的科学水平提高。

四是运用专业知识指导对旅游环境破坏与污染的防治。

这四项基本职能并不是孤立，且严格区分开的，而是在空间上有并存性，在时间上有连续性，一同贯穿于管理活动的全过程。在同一时段内，一方面要有侧重，另一方面也要全面考虑，避免片面性。

四、旅游环境管理的内容

旅游环境管理依据不同的划分方法，可分为不同类型。以性质为依据进行划分可分为旅游地人文环境管理与自然环境管理。以职能为依据进行划分可分为环境计划、环境质量以及环境技术管理等。而以旅游开发地时序为进行划分可分为前期、中期及后期管理。下面主要以前期、中期及后期管理为例进行介绍。

（一）前期管理

旅游环境管理不应在环境出现问题之后再对环境破坏进行综合治理，而应该要防患于未然，也就是在最初对旅游地进行开发时，就要对环境进行有效地规划与管理。调查与分析当地的旅游环境为前期管理的主要工作。

（二）中期管理

在结束了旅游地基础情况调查之后，以旅游规划作为蓝本，旅游开发进入中期开发阶段。此阶段是旅游开发对环境影响最显著的时期，并且会有大量的建设工程。因此，此旅游地的旅游开发是否能够以可持续为目标前进直接受到旅游环境中期管理的影响。此阶段的管理内容主要包括以下几点。

1. 旅游环境质量评价

旅游区大多环境本底质量很高，但生态环境较为脆弱，对其稍加开发，就会对景区的环境造成无法修复的损伤，因此，在旅游环境管理的中期进行旅游环境质量评价是非常有必要的。描述开发过程中的旅游环境质量是它的意义所在，主要是以时间作为尺度，利用环境质量评价这一平台，来评价旅游地的环境质量变化，并为整个中期旅游环境管理提供数据支持。

2. 旅游活动对环境的影响分析

对于环境来讲，一般情况下旅游活动的影响是既有利也有弊，在这个阶段，要在旅游环境质量评价的基础上，对这些影响进行理性分析，研究旅游活动对旅游地的环境有什么样性质的影响产生，并且要研究影响的范围及程度大小等，以便为旅游环境管理将有针对性的目标确定下来。

3. 旅游开发环境影响监控

旅游中期管理的主要任务就是对旅游开发的环境影响进行监控。在对旅游开发的影响进行分析，以及对时间尺度的质量进行评价之后，可较为清晰地描述出旅游开发环境的影响。通过开发单位、当地居民以及政府的协调努力，将旅游开发过程中种种不利于环境的因素尽量排除，然后对改善后的环境质量进行新一轮的评价，最终形成一套旅游开发环境影响监控机制，并且此监控机构的主要负责人将由政府担任。这样就能够更宏观地对旅游开发的走向进行指导，与此同时，也能够通过法律法规制约旅游开发机构过度的或者不正当的旅游开发活动。

（三）后期管理

后期管理是整个旅游地环境管理的核心部分。前期与中期管理为后期管理提供了良好的分析基础与数据支撑，此阶段主要管理的是旅游开发后对环境带来的影响，重点内容主要有以下几个方面：

1. 旅游地环境维护

旅游地环境维护具体包括动植物的保护，以及固体废弃物、水、噪声、大气的管理等，即旅游环境管理。景区管理部门与政府环保部门协同合作，对现有旅游地的环境质量进行维护，并全面管理旅游地环境。比如，建立动植物保护巡逻队、分类收集景区内部固体废弃物等，这样能够使景区内固体废弃物、噪声、水等的正常排放与循环。

2. 旅游地环境信息系统动态监控

在环境管理的前期与中期现场一般调查中，通过采集原始数据能够进行科学分析。但是，随着旅游地开发的深入，就必须投入大量的人力、物力进行长时效的数据采集及分析。因此，对 GIS（地理信息系统）技术的运用，并构建旅游环境信息系统是很有必要的，这样能够很好地完成整个旅游地的环境质量动态监控，其监控的主要内容为环境本底数据与游客的动态分布，具体如下。

（1）监控游客分布情况

通过监控游客的分布情况，能够对此时刻发生旅游环境事件的区域进行直观的分析。

（2）监控环境本底数据

通过监控环境本底数据，可提供有效、真实的数据来进行旅游环境质量评价，以及旅游活动对环境影响评价，并且利用 GIS 技术，构建旅游环境质量动态模型与旅游分布模型。

3. 旅游地环境预警系统

旅游地环境预警系统的作用为，当在旅游地出现重大环境问题时，依照事先制定的旅游环境预警应急措施，来修复与调整旅游环境或者旅游活动。此系统是旅游环境后期管理的"预防针"。以规划计算的旅游环境承载力为依据，能够制定该旅游地旅游环境的质量警戒线，形成一套将旅游环境承载力为主要理论依据的系统。比如，在重大环境污染事件之后，此系统就能够以既定的修复与管理措施为依据，提出维护旅游环境的具体措施，确保旅游地环境能够在最短时间内得以恢复。

五、旅游环境管理的具体实施途径

由于旅游环境管理综合性与系统性的要求，需要管理者采取多种方式进行综合管理。目前，主要通过以下五种基本途径实施旅游环境管理。

（一）法律途径

法律途径指的是利用各种法律法规来管理旅游环境。法律法规的特征包括规范性、强制性、权威性，并且旅游环境管理的实施需要相关的法律法规提供支持，具体的管理工作应该在法制化的前提下建立，这样才能大幅度提升旅游环境管理的效率。要想做好旅游环境保护法制化建设工作，就必须通过设立并利用各种旅游环境保护、旅游开发，以及旅游地运营的法律法规，对旅游者地管理者、旅游者及旅游开发者的行为进行约束。

（二）经济途径

经济手段主要是指以经济作为杠杆，对旅游者行为与旅游地进行调节，从而使环境质量提升，并使环境问题减少的管理方法。在通常情况下，此种方式具有较强的激励效应，并且可以收到很好的调节效果。经济奖励与处罚、征收环保、税收费用等为常用的经济调节手段。

（三）教育途径

教育途径指的是通过各种媒介向公众传播各种环境保护知识，使公众的环境保护意识提高，进而促进旅游地环境质量的提升。旅游地的当地居民、旅游者及旅游地工作人员是通过教育途径控制旅游地质量的主要对象。

（四）行政途径

行政途径指的是在国家与地方政府政策与法规的指导下，各级政府及旅游主管部门以行政力量及组织作为依靠，对旅游环境质量进行管理的方式。在我国，行政手段一般会更易受到个人与组织的重视，并且具有更强的执行力。专项与综合整治、行政通告、行政倡议等为常用的行政手段。

（五）技术途径

技术途径指的是引入先进的管理方式与科学技术，使污染处理、旅游环

165

境监测等工作得以加强。比如引入"3S"技术（包括全球定位系统、遥感技术、地理信息技术），可将环境系统监测的连续性与精度提高。除此之外，旅游环境监控与管理还需要引入各种环境工程、生物、化学等方法。

1. 旅游环境监测与预测技术

综合运用各种监测手段，跟踪检测旅游地的生物、大气、水体等，并对旅游环境质量是否与国家规定的各类旅游地的环境质量标准相符进行判断，在此基础上，提出环境质量报告书，并提供技术数据给环境预警系统即为旅游环境监测与预测技术。其中，旅游环境预测是监测的延续，以已有的监测数据与基础资料为依据，对未来环境的发展趋势进行推测与估计，并为改善环境与防止环境恶化提供对策依据。

2. 旅游环境监测和预测的一般程序

（1）现场调查

各种气象、水文等条件，污染物的性质、来源、类型，以及污染源的距离与方位是现场调查的主要内容。而后续监测工作的基本保证为调查的客观性与全民性，如果忽视了环境调查，会给整个监测工作带来片面性与盲目性。

（2）布点采样

将现场调查资料作为基础，对范围与项目进行确定，并合理布点。对采样点的具体位置与数量进行确定，进而对采样的频率与时间进行确定。

（3）分析和处理

分析与处理是依据国家规定检验、分析样品，并对污染物的浓度与性质进行测定，对所取得的数据进行客观分析以及合理解释，最终将经过科学分析的数据录入档案。

（4）发布环境质量报告

发布环境质量报告是以监测数据为基础，对环境质量的现状进行评价，并判断旅游地环境质量是否符合国家标准，如若不符，应将导致主要环境问题的原因找出来，并对污染的危害程度进行分析，及对未来环境质量的变化趋势进行预测。环境质量报告是为环境监测所做的总结，并能够将环境管理及保护的状况反映出来，以及为下一步管理决策提供科学依据。

（5）进行环境预测

只有在预测目标的基础上才能建立环境预测，在收集相关资料与数据时一定要保证准确与详尽，并且要恰当选取预测技术，由此建立反映旅游地内外各种可变因素与环境预测项之间的关系模型，代入所收集的数据与资料，将初步预测结果计算出来。在验证、分析及修正结果之后，得出最终结果，将其提交给决策部门，基于此，将环境管理方案制订出来。

3. 旅游环境监控对象

旅游环境质量监控作为环境质量管理与控制的必经环节与重要手段，为旅游管理者提供了旅游环境质量变化的实时信息，使管理者能够将环境质量的变化及时、全面地掌握，并以此作为依据，采取措施使旅游环境质量得到保障。旅游地旅游资源监控、旅游环境污染监控、旅游地生态环境监控是对旅游环境质量进行实时监控的主要内容。

4. 旅游环境影响评价技术

（1）旅游环境影响评价的概念

通过设置一套完整的评价指标体系，全面评估与监控旅游环境对旅游活动所产生的环境影响所进行的评价称为旅游环境影响评价。环境影响评估对行政管理部门与经营管理者来讲具有非常重要的实践意义，具体如下：

第一，衡量经营管理者经营管理业绩的防治之一即为旅游环境影响评估。

第二，旅游环境影响评估对旅游主管部门来说是管理决策的重要依据。比如，主管部门面对旅游地申报新项目时，可以项目的环境影响评估为依据，对此项目通过审批的可能性进行判断。

（2）旅游环境影响评价的方法

应综合运用定量与定性的方式进行旅游环境影响评估。社会经济环境、自然环境与旅游氛围环境等评估指标为旅游地环境影响的框架体系所包括的内容。一般情况下，在进行评估时能够使用旅游环境影响评估矩阵表，此工具是将环境影响评价指标列表，并与评价结果组合在一起而变成的矩阵表。

5. 分区管理技术

分区管理技术指的是对不同的区域实施的评估管理措施也有所差异。比如，对于森林公园与风景名胜区等，可以游客可欣赏利用的重要资源类型为依据，将它们分为两部分，分别为外围旅游区与核心旅游区。分区管理对于容量较小、生态脆弱的区域，以及重要的旅游资源来讲，所具有的作用是相当重要的。

6. 环境容量测量技术

旅游地容量的基本含义为在保证旅游环境质量的基础上，旅游地所能承受的各种旅游活动的能力，也称为旅游环境承载力。旅游地容量作为一个概括体系，具有多维度的特点，主要旅游地容量，其取决于以下三个分量值：

（1）物质容量

指旅游设施等物质条件对旅游活动的容纳能力。

（2）心理容量

指在旅游社区居民与旅游者的心理承受能力而建立起来的一种容量值。

（3）生态容量

指自然生态环境对旅游活动的容纳能力。

其中，物质容量与生态容量合称为自然容量，指的是将资源利用作为基础，与供给要求相联系的容量。

第三节　旅游资源的开发管理

我国对资源开发与生态保护之间的关系相当重视，并在管理方面表现出综合化的趋势。从提出循环经济理念、可持续发展，到提出科学发展观，建设资源节约型、环境友好型社会，再到建设生态文明，都与资源的生态问题关系紧密，一方面强调资源的稀缺性；另一方面强调如何最有效地保护环境与利用资源，从而对生态保护与资源管理的同步发展起到促进作用。

一、旅游资源开发管理体制的概念

所谓旅游资源开发管理体制，指的是在一定的社会制度条件下，地方、主管部门、景区、国家及其内部各层次在旅游资源保护与开发中所形成的管理方法、制度、体系、机制的总称，其涉及的内容特别广泛，从不同层面出发，可作不同的剖析与概括。概括来讲，构成管理体制的基本要素包括管理制度、机构、机制，三者相互作用、紧密联系，从而组成管理体制的统一整体。旅游资源开发管理体制的内容主要包括以下五个方面：

（一）所有制结构

对于旅游资源的归属问题，主要工作是分清管理方式与经济成分。我国旅游资源中的绝大多数是属于国家的，其中的一部分资源归集体所有，如土地资源等，对国家所有旅游资源的管理体制问题的探讨就成为了主体问题。

（二）管理机制

管理机制的内容主要包括行政与经济管理方法以及两者之间的关系，管理所采取的方式等。由于旅游资源的性质复杂，其绝大所数属于国家或者集体所有，因此，采取的管理方式多数是行政事业性管理，这与通常情况下的经济管理是有区别的。

从国际管理机制方面来讲，美国等一些西方国家普遍实行的是国家公园管理体制，也就是将旅游资源管理纳入公务员系统。旅游资源的开发与保护作为国家行政机构的一部分，财政预算是它们的主要经济来源，而不是营业收入。旅游资源的管理模式类似于行政事业单位的管理模式，需要在原有具有行政力量的内部建立高效率的运行体制。要想通过外部竞争来将效率提高是很难的，因此应通过内部分配及用人机制的完善来提高效率。

（三）管理职责的划分

管理职权及相应的责任应该有明确的划分，即将系统各机构、各层次的职责划分好。因为管理职权的核心为决策权，所以也称为决策体系或者决策结构。我国旅游资源管理采用的是由少数几个主管部门分级集中管理模式。也就是由中央到地方分级、分行业逐级管理。比如，水利部门管理水资源及其设备等；文化部门管理文化资源等。

（四）管理组织机构

管理组织机构主要是指各机构之间怎样配合、机构设置与运转原则，以及设置哪些机构等。目前,在我国旅游资源开发管理组织机构中需认真研究的重要问题是:怎样使资源开发运营权、所有权与管理权在组织机构方面能够合理、平衡、和谐?各级行政管理部门代表国家行使资源管理权与所有权,而在资源开发之后的运营权,可能采用事业单位企业经营方式,或者采用由政府委派给企业、事业单位或外企介入经营等方式来运作。

(五)经济利益结构

经济利益按照怎样的比例分配给旅游区居民、国家、经营者,是在旅游资源开发中需重点关注的问题。资源开发实质上是经营者、社区居民、政府管理者之间的一种利益博弈,尤其是经济利益博弈。建立经济利益和谐关系的关键是怎样将集中利益相关者的关系处理好。

二、旅游资源开发中的分级管理体制

管理体制是国民经济体制的重要组成部分,在上层建筑范畴之内,其既要推动经济基础的提升发展,又要适应经济发展运行的规律。旅游管理体质涉及多种复杂因素,包括政府管理经济方式与手段、所有制结构、景区经济运行方式及经营方式等,新的资源管理体制必须是一种在谋求共性的同时,能够体现个性的管理体制,也就是对于有类型不同的资源,所采用的管理方式也要不同,从而确保旅游资源的保值增值,以及国有资产不流失,主要包括以下几种模式。

(一)直接经营管理模式

旅游景区管理机构作为政府委派机构,代表中央政府直接经营管理其控制的旅游资源。以下是这种体制的主要特点。

第一,管理机构实行全额事业单位,对资源管护人员及管理人员定编定额,工资由政府拨款发放,日常管理支出纳入政府(中央)年度预算,再专项拨款。可采用特许经营、特许投标的模式,并由企业经营具体的经营性项目,特许经营收入、景区门票收入等全部上缴财政专项账户。

第二,管理机构一方面是旅游资源经营主体,不仅负责旅游开发,还负责环境与资源保护。另一方面也是旅游资源的所有权代表,并具有某些行政职能。保护权与开发权，经营权与所有权统一，但是，盈利情况不在管理机构考虑的范畴内。

上面所说的特许经营，指的是为了引入市场机制，提高效率，尤其是准许通过招投标的方式引入企业，从而代替管理机构或者政府经营景区。需要指出的是，企业必须在管理机构或政府的严格监管之下进行旅游开发活动。在通常情况下，特许经营是一些分散的小项目由企业经营，企业在获得授权后，并在管理机构的监督下供给或生产之前约定的服务或者产品，管理机构处在垄断地位。特许经营与景区整体经营权的转让是不同的。

直接经营管理模式是通过财政资源支撑旅游区的正常发展与运行，一般的财政预算是开发与保护所需的资金来源，这样做的好处包括以下两点。

第一，能够通过行政规划管理，使旅游设施的盲目建设受到约束，并且防止城市化趋势的蔓延对景观的破坏，进而使旅游景观的完整性得以保存，使开发与保护的矛盾得以有效缓解。

第二，能够保证实现非营利性目标，将旅游区的社会公益性质体现出来。

这种模式与发达国家的国家公园管理模式相类似，在实行过程中必须有充足的行政资源。这里说的充足的行政资源包括财政资源及管理资源，这是因为管理机构不需要考虑用经营活动的收费收回成本，财政资源是相关建设的基本依靠。只有在财政供给充足的情况下，才能够顺利地进行文化与自然资源的保护与维护。但是，如果利用与开发等开支的规模越来越大，就会对财政资源有过强的依赖性，从而引发一系列问题，主要包括以下两点：

一是如果管理权太过集中，也会使地方政府保护与建设的积极性在一定程度上降低。

二是在政府直接经营管理的规模过大，而旅游景区的自我发展能力又较差时，就会因为过于庞大的管理体系，使管理效率低下，从而有监控失灵等问题产生。

基于此，需要对国家直接管理旅游资源的规模进行控制，并对适应本国旅游发展的管理模式进行选择。相对来讲，以观赏型、生态型为主的国家旅游源较为适应此种模式。

(二) 授权经营管理模式

景区管理机构得到政府授权的旅游资源管理权后，对旅游资源进行管理的模式称为授权经营管理模式。此种模式的经营权与所有权分离，其中，经营权会授权给国有旅游集团（公司），并且分别由不同的机构或者部门承担保护职能与开发职能，经营职能与管理职能。管理机构并不干预经营，而是只进行管理，详细规划的制定与组织实施、总体规划，景区内旅游开发协调与监管工作等是它的具体职责。

由国有旅游集团（公司）独家经营景区品牌打造、宣传，以及经营性旅游项目（如索道、饭店等）的开发等工作，旅游公司可通过交纳专营权费的方式获得经营权。旅游公司拥有门票管理权，与此同时，政府会在门票收入中提取一定比例的资源保护费。

授权经营管理模式的特点为管理机构并没有盈利目标，管理机构的收入与旅游开发的优劣之间没有直接管理存在，分别由不同的主体来承担资源保护与创收，并且相互起到制约作用，从而使管理结构的监督力度增强了。尤其是在自然保护区，能够有效防止旅游开发范围的扩大，比如，在核心区开展旅游活动。旅游公司则会以旅游市场的需求作为依据，进行旅游开发，这样能够将旅游资源的利用效率显著提升，并促进旅游区经济的发展。在这种模式下，有必要将国有旅游公司的监督加强，这样才能使国有资产的保值增值得以保证。除此之外，此模式还需要将以下两个关键性问题处理好。

第一，将门票管理权的归属问题处理好，虽然门票并不包括在经营性资产之内，但是却归国有旅游集团（公司）经营。

第二，需要将旅游公司与管理机构"两块牌子，一套人马"的做法改变，旅游公司的领导不再由管理机构的负责人担任。

以观赏型、生态型为主的国家旅游资源适用于授权经营管理模式。

(三) 委托经营管理模式

对级别较低的旅游资源可将政策放宽，在政府的统一规划下，所有者将旅游资源经营权全部通过契约规定，在一定时期、条件下让渡给受托方，从而将旅游资源经营权有条件地转移得以实现的一种管理模式称为委托经营管理模式。其中，旅游资源经营的主体为受托方，并且是在产权主体的授权范围之内自主经营，以及承担旅游资源改造与维护的任务。保护权与开发权是统一的，而经营权与所有权是分离的。

在具体方式方面，一方面能够将经营权作价入股组建股份制企业，另一方面也可以转让经营权，但需要注意的是，政府出让的并不是资源本身，而是资源的经营权。不管是哪一种方式，也不管经营权占股权多少，当地政府或者资源主管部门作为旅游资源所有权的代表，均有绝对的监督管理权。如果经营者只开发不保护，并未履行合约规定，那么管理机构可将经营权收回。

要以社会公开招标的方式进行旅游资源经营权转让活动，坚持优中选优的原则，保证是那些资金实力雄厚、懂经营、会管理的个人或企业，获得资源经营权。政府在转让经营权时，需要和经营单位签订环境建设、资源保护责任书，将资源保护的标准与目标得以明确。在将旅游资源的经营权与所有权分离之后，政府部门应设立一套强有力的监督约束机制，以及健全的管理制度。并且重点抓好规划管理，严把审批关，应认真审核、评估建设项目，一方面要使资源得以科学合理地利用，以及开发规范有序；另一方面也要使投资商的合法经营得到保护。

第七章

旅游行业安全管理研究

在旅游行业管理中，安全管理是一项非常重要的内容，一旦发生了旅游安全事故，则必然会给旅游者以及旅游企业带来巨大的人身和财产损失，给旅游目的地的形象造成负面影响。因此，旅游行业的安全管理就显得非常重要。

第一节　我国旅游行业安全管理的内涵、目标与任务

一、旅游行业安全管理的内涵

（一）旅游行业安全管理的界定

旅游行业安全管理是指面向整个旅游行业，通过提高旅游行业的安全管理水平，预防和减少旅游安全突发事件，以保障旅游者和旅游从业人员的人身、财产安全，保障旅游企业以安全运营为目标的各项工作的统称。

（二）旅游行业安全管理的内涵

第一，整个旅游行业都是旅游行业安全管理的对象，例如，旅行社、饭店、旅游景区、旅游娱乐及旅游购物场所、旅游者群体及各类旅游组织等。

第二，预防和减少旅游突发事件，提高旅游行业的安全管理能力，保障旅游者的人身、财产安全，促进旅游业的和谐发展是旅游行业安全管理的根本目的。

第三，各级旅游行政管理部门是旅游行业安全管理的能动主体，交通、公安、消防、卫生、质检、工商、环保、旅游行业协会、社会救援机构、非营利机构等相关部门和组织都是相关主体。

第四，在具体的旅游行业安全管理中，行政监督、公共服务和部门协调等方式是其主要运作手段，强调"服务、监督、协调"并重，并以实现向专业化管理、注重宏观调控与微观管理相结合的转变为方向。

第五，在保护旅游者安全方面，旅游企业是主体，当然，旅游者也具有自觉防范旅游安全事故的义务。在旅游行业安全管理中，应将旅游企业的主体地位充分体现出来，落实旅游企业安全主体责任，同时促进旅游者主动防范与积极应对纳入，从根本上防止和减少旅游安全事故，切实保障旅游者的安全。

二、旅游行业安全管理的目标

（一）总体目标

旅游行业安全管理的总体目标为：与旅游业的整体发展水平相适应，构建安全、和谐的旅游产品生产与消费环境；与"中国作为最理想的投资沃土和最安全的旅游胜地"的国际形象相适应，为我国从旅游大国走向旅游强国提供坚实的保障基础；与把旅游业培育成战略性的支柱产业和人民满意的现代服务业相适应，为我国旅游业可持续、健康、稳定地发展提供坚实的安全基础。

（二）基本目标

旅游行业安全管理的基本目标为：建立和健全有效的旅游安全服务、协调和监管的网络体系，保障旅游者的人身、财产安全；加强对旅游者安全意识和应急处置能力的培育，使旅游者的安全意识和应急处置能力得到提高；对旅游企业安全生产经营行为进行引导和规范，提高旅游企业安全生产水平，保障旅游者的安全消费权利；及时、稳妥地处理旅游突发事件，最大限度地降低旅游损失，维护旅游目的地的安全形象。

三、旅游行业安全管理的基本任务

旅游行业安全管理的基本任务为：通过建立健全的旅游安全公共服务体系、提供必要的旅游安全服务、引导和督促旅游企业安全生产、协调相关部门积极应对旅游安全事件等旅游行业安全管理措施，保障旅游者的消费安全和旅游从业人员的操作安全，维护旅游企业安全生产秩序，减少或避免旅游安全事故，维护旅游目的地安全形象，促进旅游业和谐发展。

（一）加强旅游行业安全管理的制度建设，为旅游安全管理提供法制与政策基础

（1）建立和健全旅游行业安全管理的组织制度，贯彻落实地方政府和上级部门有关旅游安全的方针政策及工作部署。

（2）负责旅游安全政策、规范和标准的拟定、宣贯及监督实施。

（3）建立旅游行业安全管理长效机制，制订旅游目的地的安全管理规划与计划及各类危机处理预案，积极防范与处置旅游安全事件。

（二）建立健全的旅游安全公共服务体系，为旅游者提供安全服务和保障

（1）建立和健全旅游安全风险监测评估制度和旅游安全预警信息发布制度，使旅游者能够做出最好的消费决策，为中外游客创造更为安全的旅游消费环境。

（2）将旅游安全信息和旅游安全咨询服务最大化地向旅游者、旅游产品生产与经营单位及各类旅游组织散发，为旅游者的旅游活动提供安全指导。

（3）组织开展面向公众的旅游安全常识宣传活动。通过有目的性、有针对性的安全知识宣传和教育，增强旅游者的安全防范意识，提高旅游者对旅游安全事故的科学认知和应对能力。

（4）建立旅游安全突发事件的应急处置机制，当有旅游安全事故发生时，积极协调相关部门，为旅游者提供必要的帮助，最大限度地降低损失。

（5）积极受理旅游者的安全投诉，维护旅游者的安全权益。

（三）引导和监督旅游企业安全生产，规范旅游市场的安全运营

（1）在地方政府主导下，旅游安全生产主体责任落到实处，为旅游企业的安全生产提供必要的协助。

（2）积极配合、协调消防、公安、卫生、交通等部门，执行旅游安全的常规检查和旅游安全专项整治，强化旅游安全监管。

（3）安全监管辖区内旅行社提供的旅游产品或者服务。利用标准化、宣传教育、安全技能培训等手段引导住宿、餐饮、游览、娱乐、交通等旅游服务与产品提供者提高旅游者安全保障水平。

（4）引导和协助旅游产品或服务提供者完善旅游安全管理组织，建立和健全处置各类突发事件的应急机制及相关制度，加强旅游安全岗位操作培训和旅游安全应急预案的演练，提高安全事件的防范与应对能力。

第二节　我国旅游安全管理体制存在的问题及其完善

一、我国旅游安全管理体制存在的问题

几十年来，我国旅游业得到了飞速的发展，旅游管理体制逐渐建立和完善起来。但由于我国的安全管理体制还不够完善，因而在旅游安全管理体制方面也存在诸多的问题。目前，旅游安全管理体制存在的问题主要表现在以下几个方面。

（一）政府职责定位不明确

在旅游安全中，监管是政府的首要职责。其监管的对象应是事前的防范而不是事故的后果。在我国的《安全生产法》中明确规定，企业有建立安全生产检查制度、加大安全生产投入以及制订安全生产应急预案的义务，政府相关部门有依法监管义务。但在具体的监管过程中，政府制定的规章、文件又往往与法律法规相抵触，因而使在安全监管职责定位上，政府及其行政部门的权责不明。

其次，建立服务体系也是政府在安全生产中的职责，例如安全生产的宣传教育和培训指导体系；安全生产投入和奖励机制等。但是，随着市场经济的发展，政府的监管机制、监管人员已无法满足需要。

（二）部门职责交叉，职能分散

首先，在旅游安全管理工作中部门分割、条块分割的现象十分严重。在安全监管方面上级监察、基层监管存在职能交叉、权责不明、多头执法；部门之间统筹协调不够；安全监管力量不足等问题。另外，安全监督管理体制不顺、职责不清，各相关部门一直存在互相依赖扯皮现象。目前，在体制上，这种职能划分不够严谨，因而造成了监管队伍不稳定、社会关系错综复杂。

其次，在我国党委与政府并行的决策制度下，很难界定事故的领导责任。在基层工作中，党委书记在决策中起到主导作用；在政府层面，分管

安全工作的副职领导往往只是处于被动和附属地位。但是，当发生重大安全事故时，首当其冲的往往是所在地政府领导尤其是政府副职领导，事故的领导责任出现错位。这种体制、机制不但不利于安全管理工作的有序、正常开展，同时，也是现行安全管理体制存在的重大弊端。

最后，部门综合协调乏力。在当前出台的安全生产法规中，部门色彩比较明显，权利和责任不对等。在职能上，都是按照中央编办文件进行划分，但中央编办文件之间的矛盾并且与现行法律不衔接。鉴于此，部门之间职责没有明确的区分，争利益推责任，存在监管缺位或重复执法的问题。

（三）管理责任与管理角色错位

旅游安全管理制度在理论上是清晰的，即在推行全员安全管理的同时实行安全生产责任制。安全生产责任是根据"管生产的必须管安全"的原则，明确规定了政府部门、旅游企业各级领导和各类人员在生产中应负的安全责任。然而，即便在职责上划分清晰，但生产安全隐患、事故等在旅游企业中仍然时有发生。造成这种现象的一个重要原因便是安全生产管理的责任不明确。

（1）我国落实安全责任的方法是将各级一把手作为安全第一责任人，"谁主管，谁负责"。但在具体的操作中，通常都是将安全责任落实给某一副职分管。而副职往往授权最少，通常无法对所需资源进行统筹和调配，更无法对管理的全局进行协调。

（2）按照目前我国关于重大事故责任处理的规定，管理者的责任定性是：重要领导责任和主要领导责任。按现行做法，一般不会将事故性质定义为领导责任事故。由于国家缺少详细和具体的法规条文去定义事故性质，而进行事故调查的往往是同行上级与安全监督机构，事故方、调查方和处理方都是国有的；由于事故受害者是个体，事故的处理就有可能出现偏向强者一方；就算证明了甚至裁决了是因为管理者的责任，所有的损失也只是由经营单位承担。

（四）旅游安全法规建设滞后

近年来，在安全立法方面，我国的工作进程有所加快，逐步健全和完善了与社会主义市场经济相适应的安全生产法律体系。但是，在安全生产法律体系中，没有一部旅游法律，仅有的一部涉旅法规《旅行社管理条例》没有对旅游安全管理作出规定。

（五）旅游安全缺乏资金投入机制

在提高旅游安全监管水平方面，旅游安全投入是一个重要的影响因素，目前，我国在旅游安全方面的投入明显不足。造成这种现象的根本原因就是旅游安全生产管理还没有建立专门的投入制度和机制，安全资金投入既没有列入国家计划，也没有专门的财政拨款。如果在旅游安全方面没有切实的资金来源，那么，就很难完善旅游安全监管的技术保障体系和事故预警体系。

二、建立和完善我国旅游安全管理体制

虽然导致旅游安全事故产生的原因非常复杂，但是，建立和落实科学的旅游安全管理体制，对于从根本上压降和抑制旅游安全事故的产生、解决旅游安全管理中存在的问题具有十分重要的意义。科学的旅游安全管理体制既包括政府层面的体制机制，也涵盖了旅游企业内部的管理体制。

（一）完善旅游安全生产法规体系

旅游安全保障系统是建立在旅游安全法规体系的基础之上的，旅游安全法规体系对旅游安全保障体系中的预警、控制、施救行为进行了规范，为旅游安全管理提供了法律依据。旅游安全法规体系具有提高旅游安全意识，约束旅游行为的作用。其能够从法律的权威性和强制性的角度来规范和控制旅游从业人员的行业行为，强化和提高旅游从业人员的安全意识和防控意识，同时还能唤醒和提高旅游者的安全意识，对旅游者的旅游行为也具有约束作用。另外，通过旅游安全法规体系，还能够唤起和提高广大社会公众对旅游安全问题的关注，提高社会大众旅游安全防控的意识和能力，促进旅游社会安全管理的开展，为创建安全的旅游环境提供保障。

在《安全生产法》的基础上，从我国旅游安全管理实际出发，充分借鉴西方发达国家的发展经验，确定我国旅游安全的法规体系框架，制定旅游安全立法规划，加快新法规的起草工作。各级政府、旅游、公安、交通、安全监管等部门应明确各自的责、权、利，严格按照法定权限和程序行使安全监管权力，履行安全监管职责。

通过运用多种形式的法规以及旅游活动的六个要素环节的安全控制与管理，从而形成了一个完整的有效的、可操作性强并能规范与指导旅游活动安全、有序地进行的旅游安全政策法规系统。

（二）明确政府安全生产监管职责

事前预防、事中控制、事后处理、综合治理是政府监管的基本职责。政府监管职责主要通过部门监管来实施和体现。因此，科学界定部门责任，健全政府行政管理部门的安全生产责任机制非常的十分重要。

各级政府部门和权力机关对企业生产经营活动具有审批权、许可权、审查权、认证权、验收权、处罚权等。在这些权利中，既有与企业安全生产直接相关的，也有间接相关的。例如，食品的安全检查，消防设施和装潢材料的安全审核，电力设施的安全审核等都涉及政府部门行政许可权。《中华人民共和国安全生产法》第九条规定："国务院有关部门依照本法和其他有关法律、行政法规的规定，在各自的职责范围内对有关的安全生产工作实施监督管理；县级以上地方各级人民政府有关部门依照本法和其他有关法律、法规的规定，在各自的职责范围内对有关的安全生产工作实施监督管理。"《安全生产法》的上述条款对国务院和地方各级人民政府对安全生产负有监督管理职责的部门所应承担的法律义务进行了明确规定，同时，在该法的第七十七条中对这些部门所应承担的相应责任也进行了规定。因此，在实际工作中，必须严格坚持"管生产必须管安全"和"谁主管、谁负责，谁发证、谁负责，谁经营、谁负责，谁收费、谁负责"的原则，严格落实安全工作部门负责制。

1. 强化旅游行政管理部门安全生产监管责任

各级旅游行政管理部门的主要负责人是当地旅游行业安全生产第一责任人，要把旅游安生产工作摆上重要议事日程，定期听取安全生产工作情况汇报，对旅游安全生产中的重大问题应进行及时地研究和解决。

各级旅游行政管理部门，强化旅游安全监管机构，落实人员、编制、资金、制度，明确各科（处）室安全监管职责，强化"安全生产、人人有责"意识。同时把安全生产纳入各级干部政绩考核内容。

2. 强化交通行政部门旅游交通安全监管职能

强化交通行政管理部门的责任意识、明确旅游交通监管的责任主体、加强交通行政执法是强化旅游交通安全管理的第一步。目前，涉及旅游交通安全管理方面的法律法规主要有1部法律、2个法规、一个10号令（交通部公布2005年第10号令《道路旅客运输及客运站管理规定》）和若干规章。

3. 强化公安消防部门对旅游饭店的消防管理

一直以来，游客对旅游安全的要求十分苛刻，但是，游客对旅游安全的认识并不全面，从而使得对安全设施的判断往往会出现过度乐观的情况。公安消防部门负责旅游饭店的消防监管工作。据此，宾馆饭店应建立消防安全管理体系，落实逐级消防安全责任制和岗位消防安全责任制，明确逐级和岗位消防安全职责、权限，确定各级、各岗位的消防安全责任人。

4. 完善旅游景区安全管理体系

人员密集是每个旅游区或旅游景点的共同特点，这些地方的安全管理主要涉及综合管理、设施管理和环境管理三个方面。另外，对景区的旅游安全预警功能也应引起特别重视。旅游区安全预警就是通过收集、分析和发布旅游安全信息，从而对旅游安全进行预控的管理行为。在一些灾害天气，发生旅游安全事故的概率比较大，因此，旅游企业与气象、水利、地质等部门实行合作，及时准确地获取各种灾害性天气预报，并预料由此可能引发的各种严重危及旅游安全的自然灾害。同时，管理部门在积极采取安全保障应对措施的同时，向旅客发布可能发生的危险，使之提高警惕，减少各种安全事故的发生。

5. 加强安全生产行政执法

在政府部门监管中，安全生产行政执法是一项重要的形式，要不断地对其内容进行充实。一般来说，安全生产行政执法包括执法监督、执法纠正、执法惩戒和执法防范四个部分。执法监督就是采取现场检查、事故调查等手段了解情况，发现问题，其目的在于纠正安全生产违法行为，即执法纠正。当安全生产违法行为严重，损害或足以损害国家和人民的生命财产安全时，就必须给予惩罚，即执法惩戒。安全生产行政执法的宗旨是杜绝安全生产违法行为的发生，保护生命财产安全。因此，对安全生产违法行为的执法防范也应在安全生产行政执法中引起注意。

（三）构建高效的旅游安全领导机制

构建高效的安全生产领导机制是做好旅游安全管理工作的关键。

1. 推行领导人"一岗双职"责任制

在安全生产管理中真正实行"一把手"负责制，主要负责人是安全工作的第一责任人，必须对安全教育、安全责任制度等工作全面负责。分管安全工作的领导承担具体责任，其他领导对分管工作范围的行政管理和安全生产管理同时负责。

2. 强化行业监管机构的权威

对经营单位的安全工作，旅游行政部门要加强考核。

3. 将领导人晋升与安全工作情况挂钩

旅游行业管理部门要会同经营单位主管部门将安全生产工作纳入各级领导的工作业绩评价及政绩考核内容，使安全生产工作情况能对各级领导的业绩评价及个人前途产生应有的影响。

第三节　我国旅游行业的日常安全管理

旅游安全事故不仅会给旅游者及旅游企业造成巨大的人身、财产损失，同时还会影响旅游目的地的安全形象，因此，加强旅游行业的安全防控和日常安全管理十分重要。

一、旅游行业安全防控与日常安全管理的要求

"安全第一、预防为主、综合治理"旅游行业安全防控与安全管理的基本方针，要求通过制订和实施综合的安全预防与管理措施，提高旅游者的安全素质，提高旅游企业安全生产意识和旅游安全事故的应急处理能力，使旅游者能主动防范和规避风险，有效应对安全事故。

旅游行业的安全防控与日常管理目的在于将旅游行业安全管理的事后处置为事前预防和事后处置相结合，是旅游行业安全管理常态化、科学化的重要举措。

二、加强旅游行业安全防控与日常安全管理的意义

首先，突出"预防为主"，加强旅游行业安全的预防管理体现了安全工作理念根本性转变，是旅游行业安全管理从重视监管，向"服务、监管、协调"并重转变的重要指导思想。

其次，"安全第一、预防为主"的管理方针，体现了"以人为本"的科学发展观要求和建设"以人为本"的和谐社会的基本要求。

再次，在旅游行业安全管理中，预防管理是一个最重要的环节，同时也是一个薄弱的环节，因此，加强"预防管理"是安全管理的本质需要。

最后，旅游安全管理的最终目标就是要发现和消除安全隐患，避免安全事故的产生。采取科学的预防措施不仅可以消除一些旅游安全隐患，也可以将一些不可避免的旅游安全事故产生的损害降低到最小。

三、旅游行业安全防控与日常管理的基本内容

（1）建立健全的旅游行业安全事故的防控与管理制度体系，逐步健全旅游安全生产管理长效机制。

（2）对旅游行业安全管理进行系统规划，并制订科学的安全管理计划和实施方案。

（3）做好旅游行业安全信息的搜集、分析、采用及发布工作，为旅游者提供旅游安全信息咨询服务。

（4）建立完善的旅游安全预警信息系统和预警管理制度，科学预警。

（5）落实旅游企业的安全生产责任，指导和督促其落实有关安全保障措施，提高旅游者安全保障服务水平。

（6）引导和协助旅游经营单位积极实施安全生产技术培训和岗位考核，督促旅游企业严格遵守有关法规要求的持证上岗制度。

（7）在地方政府主导下，建立与相关部门的协调机制，并积极协调公安消防、卫生、工商等部门，针对旅游企业的各方面的安全问题实施常规检查、专项整治、综合治理相结合的有效监管措施，督促旅游企业安全生产。

（8）开展多种形式的旅游安全知识宣传、技能培训与安全技能比武，培养旅游者的安全意识，推进旅游行业安全文化建设。

四、加强旅游行业安全防控管理的措施

（1）坚持"安全第一，预防为主，综合治理"的方针。旅游安全工作责任重大，敏感度高，首先，应将促进旅游安全生产、保障旅游者安全作为行业管理的前提条件。其次，要突出安全事故的事前预防与控制，综合采取各种可能、有效的措施，预防旅游安全事故的发生，并提高旅游安全事故的应急处理能力。

（2）建立政府主导、部门协调、分级负责、属地为主的服务管理体制。旅游安全问题具有影响大，涉及的行政管理部门多的特点，因而，旅游行政管理部门的监管难度较大。所以，从高层次上加强协调就显得非常必要。建立目的地政府主导、部门协调、属地为主、分级负责的服务管理体制是旅游行业安全管理的必要组织保证。

（3）坚持以旅游企业为主体，包括旅游者主动防范与积极应对，旅游行政管理部门安全服务与监督管理相结合的全面预防控制与重点监管相结合的管理方式。首先，应明确和体现旅游企业作为安全工作的责任主体地位，这是因为仅靠旅游行政管理部门来对旅游安全事故的预防、控制与管理的监管是远远不够的。其次，应将旅游者主动防范与积极应对的义务纳入旅游安全事故的预防控制中。最后，旅游行政管理部门既要强化旅游部门对旅游者安全保障的协调和服务职能，加强对旅游企业安全生产能力和旅游者安全意识与应急处理能力的技术支持和服务，还应尽可能地将各种易发安全事故的因素及各类安全隐患纳入安全预防管理的视野。只有采取这种分类管理、分级负责、重点监管的方式，才能有效提高旅游行业安全监管的水平。

（4）强化在政府主导下的各相关部门的协作性安全预防。各相关部门的协作性安全预防是指在旅游行业安全防控中，重视和增强与气象部门、公安消防部门、交通部门、媒体单位及社区等的协作，充分利用各单位的力量，扫除安全隐患，提高旅游行业安全预防能力。

（5）落实安全管理责任制，培育旅游从业人员和旅游者的安全意识，

提高对旅游突发事件的应急处理能力，依法落实各旅游企业的安全管理责任，利用各种力量与方式推动对旅游者、旅游从业人员的安全意识培育，提高其对旅游突发事件的应急处理能力，将安全责任制管理、安全意识培育、安全事故应急处置管理作为旅游行业安全管理的基本措施和内容。

（6）充分利用现代信息技术手段，强化旅游安全信息的运用与管理，建立健全旅游安全信息沟通的渠道与机制，突出旅游行业安全管理中现代信息技术和安全信息管理的作用，建立安全风险信息报告员制度和安全信息沟通渠道，保障安全信息的渠道畅通，安全信息的及时收集、汇总、分析以及安全预警信息的发布。

第四节　我国旅游行业的突发事件管理

一、旅游安全突发事件的信息监测

旅游安全突发事件的信息监测内容包括制定并实施旅游安全突发事件的信息收集、分类、评估与披露制度，建立目的地旅游安全信息数据库，并搭建与旅游企业、旅游者、旅游目的地的安全信息沟通渠道，构建部门间、区域间的信息交流与情报合作机制。旅游突发事件的信息监测为旅游危机预警提供了前提条件，其同时也是搞好旅游行业的安全预防管理的基础。

（一）旅游安全突发事件的监测信息分类

在进行旅游安全风险监测与评估时，应首先根据安全风险信息的特点，来对各种渠道的旅游安全信息进行分类管理，并建立旅游目的地的安全信息数据库。通常而言，我们可以将旅游安全风险及突发事件监测信息归为以下四类。

1. 可能导致旅游突发公共事件的相关信息

（1）可能导致旅游突发事件的自然灾害信息

这类信息包括气象灾害信息、地质灾害信息和海洋灾害信息。例如，台风、冰雹、沙尘暴等气象灾害信息；山体崩塌、滑坡等地质灾害信息；风暴潮、海啸等海洋灾害信息等。

（2）可能导致旅游突发事件的事故灾难信息

这类信息包括各类安全事故、交通运输事故和生态破坏事件等事故类型。

（3）可能导致旅游突发事件的公共卫生信息

这类信息包括突然发生、造成或可能造成社会公众健康严重损害的重大传染病疫情，例如鼠疫、霍乱等，以及严重影响公众健康的事件，例如群体性不明原因疾病、重大食物中毒等。

（4）可能导致旅游突发事件的社会治安信息

这类信息包括发生旅游从业人员或社会公众聚众闹事群体性事件，针对旅游者的群体性暴力事件，重大刑事案件等。

2. 旅游企业的安全生产与管理信息

（1）旅游企业的常态化旅游安全管理信息

这类信息包括旅游产品或建筑设施的安全认证信息，生产安全责任制落实信息，突发事件应急预案的制订、基本安全管理制度及安全设施的配备信息等。

（2）旅游企业的安全管理实施情况

这类信息包括旅游安全管理制度及组织设置信息、有关“突发事件应急响应”模拟演练信息、企业安全自查与整改信息等。

（3）旅游行业的安全督察信息

这类信息包括旅游行业安全管理部门、公安消防部门、交通部门对各类旅游企业的安全督察情况及结果的信息。

（4）旅游企业、旅游者、媒体反馈的旅游安全信息

这类信息包括旅游企业报告的有关安全事故的发生及处理信息，旅游者及媒体反馈或举报的旅游安全信息等。

3. 各类安全隐患及重大危险源的信息

各类安全隐患及重大危险源的信息指根据本地区社会、经济、文化以及自然环境特点，在对本地区旅游企业广泛调研的基础上，选定安全事故发生概率较高的旅游项目、旅游产品、旅游活动区域、旅游生产设施等重大危险源，对其进行建档和重点跟踪与监测。

（1）易产生安全事故的旅游项目/产品信息

这类信息包括本区域有关拓展训练项目、潜水项目、漂流项目及其他易发生安全事故的高风险旅游项目的监测信息。

（2）易产生安全事故的旅游设施、设备的管理信息

这类信息包括锅炉、索道以及各类游乐设施等重大设施的监测信息。

（3）易产生安全事故的旅游区/点信息

这类信息包括易发生山体崩塌、滑坡、泥石流或导致交通事故的路段，易发生溺水、鲨鱼攻击的海滨浴场，易导致游客食物中毒的海边渔村等旅游区或旅游点监测信息。

4. 本区域内及区域外有关旅游安全事故的案例信息

对本区域内外有关旅游安全事故的信息进行收集，并对这些事故发生的原因进行分析，总结预防及处置类似安全事故的经验。

（二）旅游安全信息的收集渠道

（1）官方信息渠道。即建立与气象、卫生、工商、安全生产监督等部门的信息沟通与协作渠道，积极收集相关旅游安全信息，例如，如气象部门的异常天气预报信息，卫生防疫部门公布的有关重大传染病疫情信息，对各类旅游企业的卫生抽查信息，安全生产监督部门公布的有关安全生产事故信息等。

（2）公共媒体渠道。即通过网络、报纸、电视等媒体的报道，收集相关旅游行业的安全信息。

（3）旅游企业渠道。即按照相关法规及行业管理政策，建立专职或兼职的安全风险信息报告员制度，要求相关旅游企业按照旅游行政管理部门的规定，对涉及旅游者安全保障的各类信息进行定期填报，例如，如安全生产责任制、安全事故信息等。

（4）旅游者渠道。即通过网络和各类宣传材料，公布旅游行业的安全监督电话或反馈渠道，引导旅游者积极反馈各类旅游安全信息。

（5）旅游行政管理部门的内部渠道。包括旅游行政管理部门现场督查与调研搜集的安全信息，下级旅游行政管理部门的上报、备案等相关信息。

（三）旅游安全信息的分析处理程序与方法

1. 旅游安全信息的分析程序

（1）审核与分类

在将旅游安全信息收集上来之后，应对这些信息进行审核，判断其真实性和完备性，同时，对存在迟报和漏报现象的旅游企业进行督促，并对于一些未确定的安全信息进行多方核对。

在进行核对之后，按照预先设计的分类方法和收集制度对信息进行分类归并。

（2）初步判断

在对信息进行审核之后，需对信息进行初步判断，并对其可能会引致的旅游安全风险的大小以及旅游安全风险信息出现的频率或者紧急程度进行评估。

如果某些旅游安全风险信息引致旅游安全事故的可能性较大或出现频率较高，那么，要将这类信息进行重点调研。

对于十分紧急的信息，按照相关程序立即上报。

（3）重点调研

对于需进行重点调研的旅游安全风险信息，应进行重点调研和分析，如果有必要，还应组织专业技术人员和专家进行会商评估。如果某种旅游安全风险信息在经过分析调研或评估之后，被认为可能引致旅游突发事件，那么应立即将评估结果及建议上报当地人民政府及上级旅游行政管理部门。

（4）定期总结汇报

对各类旅游安全信息进行定期全面评估，并对各类安全风险的发生概率、发展趋势、目前存在的主要隐患进行分析，提出针对性的处置建议或措施，形成安全风险报告，呈递相关主管领导和部门。

（5）针对性指导

根据定期分析的评估结果及安全管理的工作安排，分别通过各种渠道，有针对性地向旅游企业、旅游者、媒体发布本区域的旅游安全风险信息，指导旅游企业的安全生产，塑造旅游目的地的安全形象，提高旅游者的安全风险意识和对旅游目的地的旅游信心。

2. 旅游安全风险的识别标准

由于旅游突发事件有很多种类型，因此，在对旅游安全风险的识别上没有明确的标准。其常规的判断标准如下：

（1）同类安全信息的出现频率，如某一段时间报告发生食物中毒事件的频率。

（2）报告的安全信息与重大危险源的关系。如果报告的安全信息与监控中的重大危险源有直接关系，那么，无论报告信息显示的危险程度是大还是小、信息是否完全，都要引起重视。

（3）相关部门的预警信息，如台风预警，流行传染病预警，火灾预警，高热、暴雨等气象预警等。

（4）在相邻区域同期频发的旅游突发事件。

3. 旅游安全风险信息的处理程序

（1）在评估之后，若认为可能发生旅游突发事件的，那么，应立即将评估结果及建议上报当地人民政府及上级旅游行政管理部门。

（2）在评估之后，若认为可能发生重大或特别重大旅游突发事件的，在履行上述报告程序的同时，应逐级上报至国务院旅游行政主管部门。必要时，可直接上报至国务院旅游行政主管部门。

（四）旅游安全信息监测的管理要求

（1）建立规范、健全的旅游安全突发事件的信息监测制度和运行机制，例如，信息监测管理的要求、信息处理的基本程序、监测岗位设置与职责，以及各类监测工作制度等。

（2）建立旅游安全突发事件的信息数据库，以及数据库的相关维护与使用制度。

（3）各级旅游行政管理部门应安排专职或兼职的旅游安全突发事件信息监测员，并聘请一定数量的旅游安全信息评估专家，组织旅游安全信息评估专家小组。

（4）逐步建立广泛的旅游安全突发事件的信息收集渠道，编制信息收集表格，规范信息收集行为，加强渠道管理。

（5）针对旅游行政管理部门、旅游企业、媒体单位等，定期编制旅游安全突发事件信息监测简报或报送有关旅游安全信息，将信息监测对安全生产、发现安全隐患、规避安全风险的作用充分发挥出来。

（6）定期召开旅游安全信息监测与隐患分析会议，对信息监测中存在的问题进行讨论，并依据相关信息对可能存在的隐患进行分析，并向上级提出相关建议，提高信息监测的质量和分析、处理安全隐患的能力。

二、旅游安全突发事件的预警管理

旅游安全突发事件的预警须依托旅游安全预警信息发布制度，并在风险信息的监测与评估基础上，根据可能发生的旅游突发事件的危害程度以及预警程序的规范要求，发出紧急信号、报告危险情况，做到未雨绸缪，使安全损失降到最低。

旅游安全预警是旅游行业安全管理的重要内容，其在规避旅游安全事故、降低旅游安全损失、保障旅游者安全方面，旅游安全预警具有十分重要的作用。从旅游安全预警能力的高低上，可以看出旅游行业安全管理水平的高低。

（一）旅游安全预警信息分类

旅游安全预警可根据旅游突发事件可能发生的紧急程度、发展势态和可能造成的危害程度划分为一级、二级、三级和四级，依次用红色、橙色、黄色和蓝色予以标示。

（1）红色旅游预警——建议不要前往该目的地旅游；

（2）橙色旅游预警——建议重新考虑前往该目的地旅游的必要性，避免不必要的旅游；

（3）黄色旅游预警——建议高度关注旅游目的地已经发生或可能发生的影响旅游安全的因素；

（4）蓝色旅游预警——建议关注旅游目的地已经发生或可能发生的影响旅游安全的因素。

旅游安全预警级别的划分标准由国务院旅游行政主管部门根据国务院及相关部门的有关规定具体制定。

（二）旅游安全预警的法制依据

旅游安全预警的法制依据包括《中华人民共和国突发事件应对法》《旅游突发公共事件应急预案》（国家旅游局 2005.07）《中国公民出境旅游突发事件应急预案》（国家旅游局 2006.04）等，如表 7-1 所示。

表 7-1 　　　　　有关法规对旅游安全预警信息的发布要求

法规名称	对旅游安全预警信息发布的规定
中华人民共和国突发事件应对法	第四十二条　国家建立健全突发事件预警制度。 可以预警的自然灾害、事故灾难和公共卫生事件的预警级别，按照突发事件发生的紧急程度、发展势态和可能造成的危害程度分为一级、二级、三级和四级，分别用红色、橙色、黄色和蓝色标示，一级为最高级别。 预警级别的划分标准由国务院或者国务院指定的部门确定。 第四十三条　可以预警的自然灾害、事故灾难或者公共卫生事件即将发生或者发生的可能性增大时，县级以上地方各级人民政府应当根据有关法律、行政法规和国务院规定的权限和程序，发布相应级别的警报，决定并宣布有关地区进入预警期，同时向上一级人民政府报告，必要时可以越级上报，并向当地驻军和可能受到危害的毗邻或者相关地区的人民政府通报。 ……
旅游突发公共事件应急预案（国家旅游局2005.07）	建立健全旅游行业警告、警示通报机制。 各级旅游行政管理部门应根据有关部门提供的重大突发事件的预告信息，以及本地区有关涉及旅游安全的实际情况，适时发布本地区相关旅游警告、警示，并及时将情况逐级上报。 国家旅游局根据有关部门提供的情况和地方旅游行政管理部门提供的资料，经报国务院批准，适时向全国发出相关的旅游警告或者禁止令。
中国公民出境旅游突发事件应急预案（国家旅游局2006.04）	3　预警机制 3.1　预警机制建立 建立和完善中国公民出境旅游安全预警信息收集、评估和发布制度。 3.2　国家有关部门要加强相关信息的收集和分析，及时掌握和通报有关情况。 3.3　预警信息分级 提示——提示中国公民前往某国（地区）旅游应注意的事项。 劝告——劝告中国公民不要前往某国（地区）旅游。 警告——警告中国公民一定时期内在任何情况下都不要前往某国（地区）旅游。 3.4　预警信息评估 组织开展对预警建议的评估，并履行报批程序。 3.5　预警信息发布 经授权，国家旅游局或其他部门向社会发布旅游预警信息。

（三）旅游安全预警的管理

旅游安全预警应遵循一定的操作流程与管理规范，并始终保持审慎的态度。这是因为旅游安全预警不但会对旅游企业的经营业务、旅游者的旅游活动造成影响，同时还可能影响旅游目的地的安全形象、旅游经济总量。

1. 旅游安全预警可能存在的问题

（1）不及时的预警

在发布预警时应当及时、迅速，如若不能，那么就不利于及时采取措施，规避旅游安全事故或者减少旅游安全突发事件造成的损失，同时，还可能使旅游者、社会公众对旅游行政管理部门的安全管理能力进行怀疑，损害旅游目的地的旅游形象。

（2）不准确的预警

不准确的预警包括过度的预警和不足的预警，指夸大或低估发生旅游突发事件的可能性或可能造成的损失。如果过度的预警，则往往会造成市场的过激反应，例如，旅游者对旅游目的地安全形象的质疑、对突发事件的恐慌，严重时会导致旅游市场萧条和旅游危机；如果预警不足，则可能会导致旅游者和旅游企业准备不足，造成本可以规避的伤害事件的发生。

（3）不规范的预警

不规范的预警包括预警信息发布强度不够、预警信息覆盖率不足、预警信息内容不全面、预警信息口径不一致等。如果预警不规范，则会使旅游者或旅游生产经营者不能及时得到预警，要么不能正确判断旅游安全预警，要么怀疑预警信息。

2. 加强旅游安全预警的管理措施

（1）制定旅游安全预警的发布制度

各级旅游行政管理部门应根据法定的旅游预警级别划分标准和预警管理要求，来制定本区域旅游安全预警的发布管理制度，对不同预警级别的审定程序进行规定，明确预警的发布渠道，对提升、降低或消除预警的程序进行规定，明确预警的第一责任人等。

（2）及时与被预警的旅游目的地做好沟通协调

在旅客流动方面，旅游安全预警会对旅游目的地造成一定的影响，因此，预警部门应与旅游目的地的相关部门做好沟通协调工作，避免相互抵制，将可能造成的损失降到最低。

（3）做好旅游预警的反馈和警示解除工作

对造成安全隐患的危险源信息应进行密切的关注，并及时与相关部门进行沟通，获取最新信息，同时按照程序进行汇报。如果旅游安全风险的情况有所变动，那么，应首先对其进行评估分析，而后再进行调整或解除。但在现实中，有个别地区只发布预警信息，却从不发布预警解除信息，常常出现旅游安全隐患已经消除，但却没有解除预警的情况，加重了突发事件造成的损失。

（4）密切关注有关媒体对旅游安全预警的反应

应加强与媒体的协作，建立规范的旅游安全预警渠道，同时，还应密切关注媒体对旅游预警的反应，保证旅游安全预警信息内容的一致性和旅游安全预警的发布强度。

（5）保障旅游安全信息沟通渠道的畅通性

一旦有旅游安全预警信息，就应及时向旅游者、旅游企业和民众发布，并为他们提供安全信息咨询服务。在发布方式上，应设立专门的旅游安全信息发布人，开辟专用电话、网络聊天号码或制作专门网页。

三、旅游安全突发事件的应急处置与救援

（一）旅游应急管理的组织机构及职责

旅游安全突发事件指突然发生的，造成或可能造成旅游者人身伤亡和财产损失，或严重社会危害，需要采取应急处置措施予以应对的自然灾害、事故灾难、公共卫生事件和社会安全事件。

突发性、高度不确定性、破坏性和复杂性是旅游突发事件的特点。在旅游行业安全管理中，旅游安全突发事件的应急处置与救援是一项重点内容，其能够有效地降低旅游突发事件造成的损失，促进目的地旅游业的快速恢复。要做好旅游突发事件的应急管理需要具备高效的应急管理组织领导机构、科学的应急机制、相应的应急准备和实施灵活的现场应急策略。

1. 旅游安全突发事件的应急管理机构及其职责

（1）我国旅游安全突发事件应急管理的组织体系的组成与职责

根据旅游安全突发事件的性质和我国行政管理机构的特点，旅游安全突发事件应急管理的组织体系通常由旅游行业的安全突发事件应急领导机构、应急联动机构、专家机构等三部分组成。

①旅游行业的安全突发事件应急领导机构及工作机构

目前，我国旅游行业的安全突发事件应急领导机构及工作机构的组成形式有以下三种。

A. 目的地政府主要领导担任组长。在我国的海南省与湖南省就是采用此种方式。一般情况下，其领导机构由目的地政府主管领导任组长（个别省市同时安排目的地政府分管副秘书长担任副组长），旅游局局长担任副组长，成员包括旅游相关部门与单位。其工作机构一般由领导小组下设办公室，办公室设在旅游局，由旅游局局长或副局长兼任主任。

B. 由旅游行政管理部门主管领导（局长或副局长）任组长。浙江省与四川省采用此种方式。一般情况下，其领导机构由旅游行政管理部门主管领导（局长或副局长）任组长，成员主要为旅游局各处（室）负责人。其工作机构一般由领导小组下设办公室，办公室设在省旅游局政策法规处，办公室主任由分管旅游安全工作的副局长担任。

C. 综合型应急机构设置方式。北京市、上海市采用此种机构设置方式。这种机构设置方式的特点是：当突发的旅游事件重大或较大时，成立类似第一种机构设置方式的旅游安全突发事件临时应急指挥部。如果应急行动结束，临时应急指挥部解散，应急管理转入常态管理。在常态情况下，其应急机构设置则与第二种机构设置方式类似。

②应急联动机构

由目的地政府各相关职能部门，如新闻办、发改委、民政厅、公安厅、交通厅、林业厅、工商局、统计局、外事侨务办、物价局、安监局等部门联合组成的应急管理机构。

③专家组

专家组是旅游安全突发事件应急领导小组聘请和组建的咨询机构，其成员主要有安全咨询、医疗救护、卫生防疫、交通运输、工程抢险等专业部门的专家。

（2）应急管理机构的职责

①旅游突发事件应急领导小组的职责

A. 应急领导小组的职责（省级）：制定处置旅游突发事件的重大决策与指导意见；审定、修订市和区（县）旅游突发事件应急预案；组织指挥和处置重大、特重大旅游突发事件；协调、指导全省性和跨市（州）发生的一般和较大旅游突发事件的应急处置工作；决定启动和终止本级旅游安全突发事件预案；组织全省旅游突发公共事件的应急演练和技术比武；统一发布旅游突发公共事件有关信息，并报告至省级人民政府和国家旅游局。

B. 应急工作机构的职责（省级）：负责组织落实领导小组的决定，承担领导小组的日常工作，保持与省政府和相关部门的联系；负责旅游突发事件应急信息的收集、核实、传递、通报，执行和实施领导小组的决策；组织旅游突发公共事件应急预案的演练、人员培训和相关应急知识普及工作；指导和协助市、县（市、区）旅游行政管理部门做好旅游突发事件的应急准备和较大（一般）旅游突发事件的应急处置工作。

②应急联动机构的职责

A. 各组成部门应在各自职责范围内负责突发事件应急联动和先期处置工作。

B. 做好专业领域内的信息预警、通报、反馈和专业分析工作等。

C. 做好应急资源的联动协调、调度和支援工作。

③专家组的职责

主要负责为应急领导小组提供决策咨询，必要时参加旅游突发公共事件的应急处置工作。

表7-2　《旅游突发公共事件应急预案》（国家旅游局2005.07）

有关旅游突发事件应急协调领导小组职责

根据《旅游突发公共事件应急预案》（国家旅游局2005.07），国家旅游局旅游突发事件应急协调领导小组由国家旅游局设立，下设领导小组办公室负责具体工作。其工作职责具体为：

（1）负责协调指导涉及全国性、跨省区发生的重大旅游突发事件的相关处置工作，以及涉及国务院有关部委参加的重大旅游突发事件的处置、调查工作。

（2）有权决定突发事件应急预案的启动和终止。

（3）对各类信息进行汇总分析，并上报国务院。

> （4）领导小组办公室主要负责有关突发事件应急信息的收集、核实、传递、通报，执行和实施领导小组的决策，承办日常工作。
>
> 省、市级旅游行政管理部门旅游突发事件应急领导小组由市级以上旅游行政管理部门设立，领导小组下设办公室，具体负责本地区旅游突发事件的应急指挥和相关的协调处理工作。其工作职责具体为：
>
> （1）各级领导小组及其办公室负责监督所属地区旅游经营单位落实有关旅游突发事件的预防措施。
>
> （2）及时收集整理本地区有关危及旅游者安全的信息，适时向旅游企业和旅游者发出旅游警告或警示。
>
> （3）本地区发生突发事件时，在本级政府领导下，积极协助相关部门为旅游者提供各种救援。
>
> （4）及时向上级部门和有关单位报告有关救援信息。
>
> （5）处理其他相关事项。

2. 旅游安全突发事件的管理要点

（1）坚持"以人为本，救援第一"的原则。在旅游突发事件发生后，涉事旅游产品或服务提供者应及时开展现场救援，依法履行报告职责。涉事旅游产品或服务提供者的现场有关人员或本单位救援队伍应立即采取措施营救受害旅游者，疏散、撤离、安置受到威胁的旅游者，对事态的发展进行控制，并采取必要措施防止危害扩大，同时向事发地有关部门报警求助。另外，现场有关人员应依法履行报告职责。

（2）强调及时报告、信息畅通的原则。各级旅游行政管理部门在接到有关事件的救援报告时，要在第一时间内向上级部门及相关单位报告，或边救援边报告，并及时处理和做好有关的善后工作。

涉事旅行社、A级景区、星级饭店、旅游车船企业的单位负责人接到报告后1小时内应向事发地、单位所在地旅游行政管理部门及相关主管部门报告；情况紧急或发生重大或特别重大旅游突发事件时，事故现场有关人员可直接向事发地、单位所在地旅游行政管理部门及相关部门上报；旅游突发事件发生在国外的，现场有关人员应同时向我国驻外使领馆上报。

因旅游接待环节的相关问题引发的以旅游者为主体的社会安全事件，涉事旅行社、A级景区、星级饭店、旅游车船企业应及时向事发地、单位所在地旅游行政管理部门及相关主管部门上报，并迅速派出负责人赶赴现场开展劝解、疏导工作。

（3）强调属地救护，就近处置的原则。事件发生后，应急指挥中心应在事发地履行统一领导职责的人民政府或者驻外使领馆的领导下，根据规定的权限启动相关应急预案，履行相应职责。

①协同相关部门，协调医疗机构、保险机构、救援机构等参与对旅游者的救助及旅游突发事件的善后处置。

②督促涉事旅行社、A级景区、星级饭店、旅游车船企业做好旅游者的救助和旅游突发事件善后处置。

③视情况参与旅游突发事件的调查，依据调查结果协同相关部门依法对涉事旅行社、A级景区、星级饭店、旅游车船企业和责任人进行处理。

④积极协调解决旅游者与旅行社、A级景区、星级饭店、旅游车船企业因突发事件引发的纠纷，维护双方的合法权益。

（4）坚持"信息统一、及时传递"的原则。在突发事件现场指挥部的指挥下，建立统一的信息中心，进行积极、正面的宣传。

①指定专人或专门的部门解答疑问，及时公布应急中心电话。

②保证信息的公开与透明。

③保持信息内容的一致性，有关机构在向媒体提供事件信息及处置措施信息时，应统一口径。

④保证信息沟通渠道畅通，利用有关媒体、电视新闻、网络、电话及短信等加强与各界的沟通。

⑤积极与媒体进行沟通，提供准确、正面、积极的信息。

⑥向媒体、游客、潜在旅游者传递目的地行政管理部门对待事故的积极处理态度和决心，重塑他们对目的地的信心。

（5）对事件进行实时监测，追踪事态的发展，评估损害，预测发展。

（6）根据安全事故等级及影响，及时评估和发布相关安全预警信息。

（7）事后应总结经验教训。应依据调查及处理结果，撰写事故处理总结报告，并根据具体情况向其他旅游企业通报，进行危机教育。

（8）对旅游目的地安全形象影响较大的安全事故，应采取有效的措施消除影响。

（二）旅游安全突发事件的分级响应与备案报告

1. 旅游安全突发事件的类型

旅游突发事件按照性质可划分为自然灾害、事故灾难、公共卫生事件、社会安全事件四类。

自然灾害指旅游景区发生的暴雨、地震、洪水、冰雹、暴雪、台风、山体崩塌、滑坡、泥石流、森林火灾等相关灾害。

事故灾难指发生公路、水运、铁路、民航等旅游交通事故，影响或中断城市正常供水、供电、供油、供气等事故，通信、信息网络、特种设备等安全事故，重大环境污染和生态破坏事故，以及大型旅游节庆、会展、赛事等相关重大活动发生的事故等。

公共卫生事件指突然发生，造成或可能造成旅游者健康受严重损害的重大传染病，例如鼠疫、霍乱、血吸虫、肺炭疽、传染性非典型肺炎等，群体性不明原因疾病、重大食物中毒、重大动物疫情，以及其他严重影响旅游者健康的卫生事件。

社会安全事件指发生的可能危及旅游者安全的恐怖袭击事件、经济安全事件、影响较大的破坏性事件，以及规模较大的群体性事件等。

2. 旅游安全突发事件的等级及响应要求

（1）旅游安全突发事件的等级划分

旅游安全突发事件的等级划分主要是根据突发事件对旅游者人身财产损失的危害程度来进行的。目前，国家旅游局及各省市分别对旅游安全突发事件进行等级划分但划分标准各不相同。

①《旅游突发公共事件应急预案》的等级标准

《旅游突发公共事件应急预案》（国家旅游局，2005）将旅游突发公共事件按旅游者伤亡程度分为重大（Ⅰ级）、较大（Ⅱ级）、一般（Ⅲ级）三级，如表 7 - 3 所示。

表 7 - 3　　　　　　　　《旅游突发公共事件应急预案》
对旅游突发公共事件等级标准的规定

（1）重大（Ⅰ级）　指一次突发事件造成旅游者 10 人以上重伤或 5 人以上死亡的，或一次造成 50 人以上严重食物中毒或造成 5 人以上中毒死亡的。
（2）较大（Ⅱ级）　指一次突发事件造成旅游者 5~9 人重伤或 1~4 人死亡，或一次造成 20~49 人严重食物中毒且有 1~4 人死亡的。
（3）一般（Ⅲ级）　指一次突发事件造成旅游者 1~4 人重伤，或一次造成 1~19 人严重食物中毒的。

②地方对旅游突发事件的等级划分

在制定本地《旅游突发公共事件应急预案》时，地方省市表现出等级上的多样性，例如，福建省将旅游突发事件等级划分为四级，浙江省将旅游突发事件等级划分为三级。地方在对旅游突发事件进行等级区分时采用的具体标准也存在细微的差别，如表7-4所示。

表7-4   福建省、上海市等地旅游突发事件的等级划分标准

福建省旅游突发公共事件应急预案（福建省，2007）

旅游突发公共事件按性质、严重程度、可控性和影响范围，一般分为四级：特别重大、重大、较大和一般。

(1) 特别重大事件：一次造成旅游者30人以上死亡，或危及30人以上生命安全，或50人以上食物中毒或重伤的。

(2) 重大事件：一次造成旅游者10人以上、30人以下死亡，或危及10人以上、30人以下生命安全，或30人以上、50人以下食物中毒或重伤的。

(3) 较大事件：一次造成旅游者5人以上、10人以下死亡，或危及5人以上、10人以下生命安全，或10人以上、30人以下食物中毒或重伤的。

(4) 一般事件：一次造成旅游者1~4人死亡，或危及1~4人生命安全，或1~9人食物中毒或重伤的。

分级标准划分，"以上"含本数，"以下"不含本数。

上海市处置旅游突发事件应急预案

参照国家旅游局制定的《旅游突发公共事件应急预案》和《中国公民出境旅游突发事件应急预案》，本市旅游突发事件分为四级：I级（特别重大）、II级（重大）、III级（较大）和IV级（一般）。

(1) I级（特别重大）旅游突发事件。有下列情况之一的，为I级（特别重大）旅游突发事件：①造成旅游者10人以上（含本数，下同）重伤或5人以上死亡；②造成50人以上严重食物中毒或造成5人以上中毒死亡；③旅游住宿、交通、游览、餐饮、娱乐、购物等场所发生影响重大的恶性事故；④造成旅游者经济损失100万元以上。

(2) II级（重大）旅游突发事件。有下列情况之一的，为II级（重大）旅游突发事件：①造成旅游者5~9人重伤或1~4人死亡；②造成20~49人严重食物中毒或造成1~4人死亡；③旅游住宿、交通、游览、餐饮、娱乐、购物等场所发生重大事故；④造成旅游者经济损失10万元以上、100万元以下。

(3) III级（较大）旅游突发事件。有下列情况之一的，为III级（较大）旅游突发事件：①造成旅游者1~4人重伤；②造成1~19人严重食物中毒；③造成旅游者经济损失1万元以上、10万元以下。

(4) IV级（一般）旅游突发事件。指造成旅游者轻伤，或旅游者经济损失1万元以下。

此外，根据《上海市突发公共事件总体应急预案》，一次死亡3人以上列为报告和应急处置的重大事项。对涉外、敏感、可能恶化的事件，应加强情况报告并提高响应等级。

（2）旅游安全突发事件的分级响应

①国家旅游局《旅游突发公共事件应急预案》对旅游突发事件的响应程序要求：

A. 当发生重大（I 级）突发事件时，国家旅游局启动应急预案，事发所在地省级旅游行政管理部门启动相应的应急预案，在省级人民政府领导下，进行具体响应。

B. 当发生较大（II 级）以下突发事件时，由省级旅游行政管理部门决定启动相应的旅游应急预案，在省级人民政府（或相应的地方政府）领导下，参与和协调相关部门和单位及时采取应急处置措施。

②各地对旅游突发事件的响应要求

针对旅游突发事件的响应，各省市的要求也有所差别，如表 7 - 5 所示。

表 7 - 5　　　　福建省、上海市等地旅游突发事件的分级响应要求

福建省针对旅游突发事件的应急响应要求： （1）重大以上突发公共事件发生后，省旅游突发公共事件应急协调领导小组及时启动本预案，在省政府领导下，参与和协调相关单位及时采取应急处置措施。 （2）较大突发公共事件发生后，省旅游突发公共事件应急协调领导小组及时派人指导事发地旅游局处置，并视情启动本预案。 （3）一般突发公共事件发生后，设区市旅游突发公共事件应急协调领导小组在本级政府领导下，配合相关部门开展应急处置工作。
上海市针对旅游突发事件的应急响应要求： 响应等级分为四级：I 级、II 级、III 级和 IV 级，分别应对特别重大、重大、较大和一般旅游突发事件。 （1）I 级、II 级应急响应。发生特别重大、重大旅游突发事件，启动 I 级、II 级响应。市政府视情况成立市应急处置指挥部，组织、指挥、协调、调度相关应急力量和资源，统一实施应急处置。各有关部门和单位立即调动救援队伍和社会力量，及时赶到事发现场，按照各自职责和分工，全力以赴，密切配合，共同实施应急处置。市应急处置指挥部及时将旅游突发事件及处置情况报告市政府。 （2）III 级、IV 级应急响应。发生较大和一般旅游突发事件，由市旅游委、市应急联动中心会同事发地区县政府决定响应等级，启动 III 级、IV 级响应，组织、指挥、协调、调度相关应急力量和资源实施应急处置，组织开展事件调查，进行事件评估。各有关部门和单位要按照各自职责和分工，密切配合，共同实施应急处置。有关单位要及时将处置情况报告市政府。 此外，关于响应等级的调整，旅游突发事件的实际级别与响应等级密切相关，但可能有所不同，根据实际情况确定。响应等级一般由低向高递升，出现紧急情况和严重态势时，可直接提高相应等级。当旅游突发事件发生在重要地段、重大节假日、重大活动和重要会议期间，其应急响应等级视情况相应提高。

3. 旅游安全突发事件的报告与备案

对旅游安全突发事件报告或备案事项进行规范，对各级旅游行政管理部门及相关机构及时掌握信息，提供相应的资源支持，以及促进对旅游安全突发事件应对处理的监督管理都非常有利。

《旅游突发公共事件应急预案》对旅游突发公共事件的信息报告进行了规范，如表7－6所示。该规范只含指引性内容，可操作性不强。目前，新的旅游行业安全管理法规拟对其作更具体的规定。

表7－6 　　　　　　　　　**《旅游突发公共事件应急预案》**
对旅游突发公共事件的信息报告要求

（1）突发事件发生后，现场有关人员应立即向本单位和当地旅游行政管理部门报告，并区分事件等级逐级及时上报。 （2）对于发生的食物中毒事故，省级旅游行政管理部门接到报告后除按规定上报外，同时应督促全省各地旅游行政管理部门会同当地卫生防疫部门做好旅游团队餐饮场所的检查，以避免类似事故的再次发生。

（三）旅游突发事件的应急与救援管理

1. 应急处置的基本要求

（1）在旅游突发公共事件发生时，事发旅游团队和单位是进行第一时间处置的主体，在突发事件发生后，应迅速组织开展自救、互救，充分利用社会救援力量开展抢险救援工作。

（2）在展开自救、互救的同时，事发旅游团队和单位应向当地旅游行政管理部门报告。各级旅游行政管理部门根据旅游突发公共事件的级别，启动相应应急预案。

（3）现场救助应急处置内容包括封锁事发现场，建立现场工作区域，抢救受害人员，设立人员疏散区，对旅游突发公共事件危害情况进行初始评估，探测危险物资及控制危险源。

2. 突发自然灾害和事故灾难事件的应急救援处置程序

根据国家旅游局《旅游突发公共事件应急预案》，突发自然灾害和事故灾难事件的应急救援处置程序为：

（1）当自然灾害和事故灾难影响到旅游团队的人身安全时，随团导游人员在与当地有关部门取得联系争取救援的同时，应立即向当地旅游行政管理部门报告情况。

（2）当地旅游行政管理部门在接到旅游团队、旅游景区等发生突发自然灾害和事故灾难报告后，应积极协助有关部门为旅游团队提供紧急救援，并立即将情况报告上一级旅游行政管理部门。同时，及时向组团旅行社所在地旅游行政管理部门通报情况，配合处理有关事宜。

（3）国家旅游局在接到相关报告后，应协调相关地区和部门做好应急救援工作。

3. 突发公共卫生事件的应急救援处置程序

（1）突发重大传染病疫情的应急救援处置程序

①旅游团队在行程中发现疑似重大传染病疫情时，随团导游人员应立即向当地卫生防疫部门报告，服从卫生防疫部门作出的安排。同时向当地旅游行政管理部门报告，并提供团队的详细情况。

②旅游团队所在地旅游行政管理部门接到疫情报告后，要积极主动配合当地卫生防疫部门做好旅游团队住宿的旅游饭店的消毒防疫工作，以及游客的安抚、宣传工作。如果卫生防疫部门作出就地隔离观察的决定后，旅游团队所在地旅游行政管理部门要积极安排好旅游者的食宿等后勤保障工作；同时向上一级旅游行政管理部门报告情况，并及时将有关情况通报组团社所在地旅游行政管理部门。

③经卫生防疫部门正式确诊为传染病病例后，旅游团队所在地旅游行政管理部门要积极配合卫生防疫部门做好消毒防疫工作，并监督相关旅游经营单位按照国家有关规定采取消毒防疫措施；同时向团队需经过地区旅游行政管理部门通报有关情况，以便及时采取相应防疫措施。

④发生疫情所在地旅游行政管理部门接到疫情确诊报告后，要立即向上一级旅游行政管理部门报告。省级旅游行政管理部门接到报告后，应按照团队的行程线路，在本省范围内督促该团队所经过地区的旅游行政管理部门做好相关的消毒防疫工作。同时，应及时上报国家旅游局。国家旅游局应协调相关地区和部门做好应急救援工作。

（2）重大食物中毒事件的应急救援处置程序

①旅游团队在行程中发生重大食物中毒事件时，随团导游人员应立即与卫生医疗部门取得联系、争取救助，同时向所在地旅游行政管理部门报告。

②事发地旅游行政管理部门接到报告后，应立即协助卫生、检验检疫等部门认真检查团队用餐场所，找出毒源，采取相应措施。

③事发地旅游行政管理部门在向上级旅游行政管理部门报告的同时，应向组团旅行社所在地的旅游行政管理部门通报有关情况，并积极协助处

理有关事宜。国家旅游局在接到相关报告后，应及时协调相关地区和部门做好应急救援工作。

4. 突发社会安全事件的应急救援处置程序

（1）当发生港澳台和外国旅游者伤亡事件时，除积极采取救援外，要注意核查伤亡人员的团队名称、国籍、性别、护照号码以及在国内外的保险情况，由省级旅游行政管理部门或通过有关渠道，及时通知港澳台地区或有关国家的急救组织。请求配合处理有关救援事项。

（2）在大型旅游节庆活动中发生突发事件时，由活动主办部门按照活动应急预案，统一指挥协调有关部门维持现场秩序，疏导人群，提供救援，当地旅游行政管理部门要积极配合，做好有关工作，并按有关规定及时上报事件有关情况。

5. 国（境）外发生突发事件的应急救援处置程序

（1）在组织中国公民出国（境）旅游中发生突发事件时，旅行社领队要及时向所属旅行社报告。

（2）同时报告我国驻所在国或地区使（领）馆或有关机构，并通过所在国家或地区的接待社或旅游机构等相关组织进行救援。

（3）要接受我国驻所在国或地区使（领）馆或有关机构的领导和帮助，力争将损失降到最低限度。

6. 省外突发事件的应急救援处置程序

（1）省内组织的旅游团在省外发生突发事件时，导游要及时向本旅行社报告，同时报告事发地旅游局和相关部门，争取救助。

（2）旅行社接报后应报告所在地旅游局。

（3）有关旅游局应积极配合事发地有关部门开展工作，并向省旅游局报告。

（4）较大突发事件，设区市旅游局派人赶赴事发地协助救援工作；重大以上突发事件，省旅游局派人赶赴事发地协助救援工作。

参考文献

[1] 刘春玲. 旅游产业危机管理与预警机制研究 [M]. 北京：中国旅游出版社，2007.

[2] 黄晶. 旅游服务管理 [M]. 天津：南开大学出版社，2006.

[3] 章平. 旅游管理基础 [M]. 北京：科学出版社，2007.

[4] 邹统钎，李飞. 旅游景区管理 [M]. 天津：南开大学出版社，2013.

[5] 马耀峰，宋保平，白凯. 旅游资源开发及管理 [M]. 北京：高等教育出版社，2010.

[6] 乔晶. 我国政府旅游管理体制创新研究 [D]. 山东大学，2009.

[7] 朱红新. 旅游安全及其管理体制研究 [D]. 南京农业大学，2007.

[8] 中华人民共和国国家旅游局. 旅游行业安全管理实务 [M]. 北京：中国旅游出版社，2012.

[9] 国家旅游局. 重大旅游安全事故报告制度试行办法 [EB]. http://www.cnta.com/，1993-04-15.

[10] 邹建华. 突发事件舆论引导策略 [M]. 北京：中共中央党校出版社，2009.

[11] 国家旅游局. 旅游安全管理暂行办法 [EB]. http://www. Cnta.com/，1990-02-20.

[12] 国家旅游局. 旅游突发公共事件应急预案，2005.

[13] 海南省旅游局. 海南省旅游突发公共事件应急预案，2006.

[14] 胡抚生. 国外旅游吸引物理论研究综述 [J]. 北京第二外国语学院学报，2008（3）.

[15] 刘功智，刘铁民. 重大事故应急预案编制指南 [J]. 劳动保护，2004（4）.

［16］国家旅游局．旅行社条例、旅行社条例实施细则［EB］．http://www.cnta.com/，2009－05－01.

［17］邢娟娟．重大事故的应急救援预案编制技术［J］．中国安全科学学报，2004（1）.

［18］保继刚，楚义芳．旅游地理学［M］．北京：高等教育出版社，2003.

［19］福建省旅游局．福建省旅游突发公共事件应急预案，2007.

［20］谢彦君．基础旅游学［M］．北京：中国旅游出版社，2004.

［21］中国行政管理学会课题组．中国群体性突发事件成因及对策［M］．北京：国家行政学院出版社，2009.

［22］颜亚玉．旅游资源开发［M］．厦门：厦门大学出版社，2001.

［23］郑向敏．旅游安全学［M］．北京：中国旅游出版社，2004.

［24］杨振之．旅游资源开发与规划［M］．成都：四川大学出版社，2002.

［25］马耀峰，宋保平，赵振斌．旅游资源开发［M］．北京：科学出版社，2005.

［26］陈才，王海利，贾鸿．对旅游吸引物、旅游资源和旅游产品关系的思考［J］．桂林旅游高等专科学校学报，2007（18）.

［27］明庆忠，李庆雷．旅游规划教程［M］．天津：南开大学出版社，2006.

［28］杨锐．风景区环境容量初探——建立风景区环境容量概念体系［J］．城市规划汇刊，1996（6）.

［29］张继辉，刘玲．旅游环境承载力研究综述［J］．云南地理环境研究，2007，19（3）.

［30］谷惹敏．世界著名饭店集团管理精要［M］．沈阳：辽宁科学出版社，2001.

［31］张文建，王晖．旅游服务管理［M］．广州：广东旅游出版社，2001.

［32］董巍，刘昕，孙铭等．生态旅游环境承载力评价与功能分区研究［J］．复旦学报，2004（43）.

［33］张俐俐．旅游行政管理［M］．北京：高等教育出版社，2002.

［34］夏林根．旅游经营管理［M］．福州：福建人民出版社，2005.

［35］王少华．旅游开发可行性研究的理论、方法与实践［D］．西北师范大学硕士学位论文，2001.

［36］何佳梅．新编旅游环境学［M］．天津：南开大学出版社，2007.

［37］李若凝．我国森林旅游资源管理体制与政策研究［D］．北京林业大学博士学位论文，2005.

［38］王昆欣．旅游景区服务与管理［M］．北京：旅游教育出版社，2004.

［39］新福．我国国土资源管理体制的发展［J］．发展论坛，1999（2）.

［40］王宏滨．旅游学概论［M］．北京：中国旅游出版社，2004.

［41］李江玲．旅游资源开发中的法律保护［J］．云南电大学报，2004（6）.

［42］田里．旅游管理学［M］．昆明：云南大学出版社，2001.

［43］陈才，龙江智．旅游景区管理［M］．北京：中国旅游出版社，2008.